Joachim Meyer

Neue Beiträge zur Feststellung, Verbesserung

und Vermehrung des Schiller'schen Textes

Joachim Meyer

Neue Beiträge zur Feststellung, Verbesserung
und Vermehrung des Schiller'schen Textes

ISBN/EAN: 9783743434820

Hergestellt in Europa, USA, Kanada, Australien, Japan

Cover: Foto ©Thomas Meinert / pixelio.de

Manufactured and distributed by brebook publishing software (www.brebook.com)

Joachim Meyer

Neue Beiträge zur Feststellung, Verbesserung

Neue Beiträge

zur

Feststellung, Verbesserung und Vermehrung

des

Schiller'schen Textes.

Von

Professor Dr. Joachim Meyer.

Manuskript nur Gönner und Freunde zum 10. November 1860.

Nürnberg.

Bei dem Verfasser.

Buchdruckerei der J. G. Cotta'schen Buchhandlung in Stuttgart und Augsburg.

Sowohl die günstige Aufnahme, welche meine „Beiträge zur Feststellung" u. s. w. Nürnberg 1858, in zwölf mir bekannt gewordenen Anzeigen gefunden haben, als auch das Versprechen, über meine jüngsten Forschungen in der Kritik des Schiller'schen Textes Rechenschaft zu geben, veranlassen mich, diesmal in ausgedehnterer Weise mehrere Partien zu behandeln, welche für die jetzigen und die künftigen Ausgaben des Lieblingsschriftstellers der deutschen Nation von Interesse sein dürften.

Den Inhalt der vorliegenden Schrift bildet zunächst eine durch Beispiele erläuterte Auseinandersetzung über die dem Zweck der verschiedenen Ausgaben entsprechende Gestaltung des Textes. Auf diese folgt eine Untersuchung über die Echtheit mehrerer in Zweifel gezogener, dann die Mittheilung einiger bisher unbekannter Schiller'scher Gedichte, sowie ein Nachweis, daß das von mir aufgefundene Gedicht: „Im Oktober 1788" auch an einer andern als der von mir zuerst namhaft gemachten Stelle von Körner genannt wird, und zwar mit einer Bezeichnung, welche dieses Gelegenheitsgedicht uns noch theurer machen muß. Hieran schließt sich die Besprechung über die Texteskonstituirung der Jugenddramen, indem ich sowohl im Allgemeinen die kritischen Hilfsmittel näher erläutere, als auch im Besondern über einen Theil der verbesserten Stellen Rechenschaft gebe. Wenn ich schon Ende Januar dieses Jahrs in der Vorerinnerung zur neuen Ausgabe der Schiller'schen Werke, Stuttgart 1860, von den Quellen gesprochen habe, welche von mir an diesem Unternehmen zuflossen, so konnte ich doch damals noch nicht hoffen, daß ich bei allen Dramen von Handschriften unterstützt werden würde, deren Werth jeder Gebildete zu schätzen wissen wird. Wer hätte noch vor wenigen Monaten geglaubt, daß das gefeiertste Drama unseres Dichters, welches die meisten Ausgaben und Uebersetzungen zählt, schon in der ersten Ausgabe (1804) durch den Ausfall zweier sehr wichtiger Verse verstümmelt in die Hände des Publikums gelangte, und daß die Wiederherstellung derselben dem Jahr 1860 aufbewahrt sein sollte? Dieses Drama ist Tell. (Vgl. S. 97—100.) Solche und ähnliche Funde waren der reiche Ersatz für die unglaublichen Mühen und Opfer, welche eine derartige Arbeit nothwendig erfordert. Doch ich will nicht von mir sprechen, sondern zu dem Gegenstand, der uns beschäftigen soll, übergehen.

Thatsache ist es, daß alle bisherigen Gesammtausgaben, sie mögen in Graz oder Paris, in Wien oder Haag, in Augsburg, Stuttgart oder Karlsruhe, zum Nutzen oder Schaden der Familie des Dichters erschienen sein, weder die ursprüngliche Orthographie, noch die veralteten Sprachformen der zu Lebzeiten des Dichters erschienenen Einzeldrucke beibehalten haben, und daß nicht wenige Stellen in der Absicht der Verbesserung geändert worden sind. Bedenkt man den Zweck der bisherigen Ausgaben, die für ein größeres Publikum, und nicht für das philologisch gebildete berechnet waren, so wird man das Verfahren der Herausgeber gerechtfertigt finden, dem deutschen Volk die Werke seines Dichters auch äußerlich in den Formen vorzulegen, welche der Sprach- und Schreibweise der Gegenwart entsprechen. Ebensowenig darf man sich verhehlen, daß dasselbe Verfahren von jeder künftigen Generation einem Werke gegenüber eingehalten werden wird, das wie wenig andere dazu angethan ist, ein Mittel zur Erziehung und Bildung der deutschen Nation zu sein. Wenn in dieser Weise den Bedürfnissen der großen Leserkreise Rechnung getragen ist, so ist es anderseits an der Zeit, für die Philologen und Literatoren vom Fach durch eine ihren Zwecken entsprechende kritische Ausgabe zu sorgen. Der Mangel einer solchen wurde schon schmerzlich empfunden, und Jacob Grimm, sowie Adelbert v. Keller haben sich bei Gelegenheit der Jubiläumsfeier darüber ausgesprochen. Daß diese Ausgabe noch nicht ins Leben getreten ist, fällt indeß nicht der J. G. Cotta'schen Verlagsbuchhandlung zur Last — nach deren Plan die zwei ersten Bände im November 1859 erscheinen sollten —, sondern Verhältnissen, welche hier zu erörtern nicht am Platz ist. Für das Unternehmen selbst war jedoch dieser Verzug nur ein Vortheil, da sich wie bereits angedeutet, insbesondere in dem laufenden Jahr die Hilfsmittel zur Wiederherstellung und Vermehrung des Textes, zu welchen Herr Professor Adelbert v. Keller durch seine beiden jüngsten Programme[1] einen sehr namhaften Beitrag geliefert hat, über alles Erwarten gemehrt haben. Die zu dieser Ausgabe nöthigen Drucke besitze ich in einer seltenen Vollständigkeit und habe dieselben wiederholt zum Zweck der Textverbesserung verglichen und eine genaue Sammlung der Varianten und Konjekturen angelegt. Auch Handschriften sind mir in sehr reicher Zahl zur Benützung mitgetheilt und noch weitere in Aussicht gestellt worden, so daß die Vorarbeiten für die große kritische Ausgabe in Jahresfrist beendigt werden können. Ueber die Aufgabe, die Anordnung und den Umfang einer solchen mich näher auszusprechen, behalte ich mir für eine andere Gelegenheit vor, glaube aber hier bemerken zu müssen, daß der aufmerksame Leser eine Menge Andeutungen hierüber im Verlauf der gegenwärtigen Untersuchung finden wird, die sich nun zunächst dahin wendet, zu zeigen, inwieweit in der Orthographie, in Sprachformen, Konstruktionen, sowie in Lesarten die seitherigen Ausgaben mit Recht und ihrer Bestimmung angemessen Aenderungen erlitten haben. Herr Professor R. v. Raumer hat sich über diesen Gegenstand im Allgemeinen in einem Aufsatz in Pfeiffers Germania[2] mit gewohnter Schärfe ausgesprochen; für unsern Zweck wird eine specielle Erläuterung durch Beispiele den Gegenstand auch für diejenigen anschaulich machen, welchen die hiezu nöthigen frühesten, zum Theil höchst seltenen Ausgaben der Einzelwerke nicht zu Gebote stehen.

Was zunächst die Orthographie, und zwar in Bezug auf die Vokale betrifft, so findet man in den Schiller'schen Originalaus-

---

[1] Beiträge zur Schillerliteratur. Tübingen. L. F. Fues. 1859; und Nachlese zur Schillerliteratur. Ebendaselbst 1860.

[2] II. 1. Ueber die sprachliche Behandlung neuhochdeutscher Texte.

gaben: „e" für „ä": „beßlich," „Ether" (Künstler: „der seinen Ether, seinen Sternenbogen Mit Anmuth uns bedienen heißt"; Schiller scheint bei dem letztern Wort zu dieser Schreibart durch seine vielfache Beschäftigung mit französischen Werken veranlaßt worden zu sein); „ö" für „e": „schröcklich"; „y" findet man nicht nur bei den Verben „meynen" und „seyn," sondern auch, jedoch ohne alle Konsequenz, in vielen andern Wörtern: zwey, drey, bey, frey, Eyd, Geschrey u. s. w. Oft findet sich eine Verdoppelung der Vokale: Haabe, Saamen, Schaam, Quaal, Wooge; eine Dehnung des Vokals durch „h": hohlen, gebohren, verlohren, entzweyhen; dagegen wieder: Stral, frölich, warlich.

„Ai" für „ei", in den Schriften der ersten Periode: waiden, taig, Faigheit, Krais, Sail, Staig. In allen diesen Wörtern war die schwäbische Aussprache für Schiller maßgebend, die hier überall den Diphthong „ei" wie „ai" klingen läßt. Am auffallendsten tritt dies bei dem Wort „leiden" hervor, das im Schwäbischen in der Bedeutung von Leid thun den ai=Laut, in der Bedeutung von Leid erfahren (pati) den ei=Laut hat, und von Schiller in der ersten Bedeutung wirklich mit ai geschrieben ist; Semele: „was kann mir Juno laiden?" Ueber den Unterschied von „Staig" und „Steig," ist später die Rede. Vgl. auch Schmidt, Schwäbisches Wörterbuch S. 581 ff. „Eu" für „ei": Reuter neben Reiter.

Bei Konsonanten: bestialisch (bestialischer Wunsch) und pestialisch (pestialisches Gepolter); f für ff: hofen, Hofnung, öfnen, Öfnung; trefen, treflich, vortreflich, verschafen; dagegen: Auffenthalt, Stuffen; pf für f: Pflaum für Flaum (Räuber: „Auf dem weichen Küssen von Pflaum;" Macbeth: „Werst diesen pflaumenreichen Schlaf von euch"); pf und f für ph in Triumpf, Triumf, so in den Räubern; später immer richtig: Triumph; „s" für „ß": ich mus, ich weis, ich vergas; dagegen: lößen, Hauß, Paradieß, Preiß. In der Anwendung des ß schwankt Schiller; Geitz neben Geiz, Batzen neben Bazen, letzte und lezte.

Diese orthographischen Schwankungen ließen sich noch in großer

Anzahl aufführen, doch werden die hier mitgetheilten Beispiele für meinen Zweck genügen, und nur über „ahnen" und „ahnden" will ich noch Folgendes bemerken. Beide Formen gebraucht Schiller abwechselnd in der Bedeutung: dunkel vorempfinden; in Carlos stehen durchaus die Formen „ahnden," „ahndungsvoll," im Wallenstein: „ahnen," „ahnungsvoll," „Ahnungsstimme." Für die Bedeutung: strafen gebraucht Schiller nur „ahnden."

Man darf hier natürlich nicht außer Acht lassen, daß es bei den wenigen uns erhaltenen Handschriften, welche dem Druck zu Grunde lagen (S. 74. 75), schwer zu bestimmen sein wird, wie viel von diesen Abweichungen in der Orthographie Schiller selbst angehören und wie viel davon auf Rechnung der Abschreiber, Setzer und Korrektoren zu bringen ist. Das Widmungsgedicht „Wilhelm Tell" hat Schiller mit eigener Hand in das dem Kurfürsten Dalberg überschickte Manuskript des Tell eingeschrieben, welches in der königl. Hofbibliothek zu Aschaffenburg aufbewahrt wird. Ich habe dies Gedicht mit dem ersten, zwei Jahre später erschienenen Druck (Taschenbuch für Damen auf das Jahr 1807) verglichen, und es finden sich in den zwei Strophen desselben nicht weniger als sieben Abweichungen, wenn auch sehr untergeordneter Art.

Zu den Formen übergehend, bemerke ich, daß manche derselben aus unserm Text gänzlich verschwunden sind, z. B.: „das Pausen"; vgl. Räuber, Aufzug IV, Auftritt 4 (1. Ausgabe): „Moor, auffahrend aus schröklichem Pausen." Wir haben hier einen substantivirten Infinitiv vom Verbum „pausen" (cessare, morari; Frisch II, 42ᵃ) im Sinn unseres neuhochdeutschen „pausiren." Schiller selbst hat in spätern Ausgaben geändert: „aus einer schrecklichen Pause."

Andere Formen hat zwar Schiller nicht geändert, aber sie sind von den Korrektoren entfernt worden, z. B.: die „Pistolen" als Singular neben „Pistole," so daß wir kurz nach einander lesen: „er setzt die Pistolen an" . . . . „er lädt die Pistole" (Räuber Aufzug IV, Auftritt 5); vgl. Hahn neuhochdeutsche Grammatik S. 68 und 69 und Karl Frommann zu Grübels Werken. 1857. Nürnberg. L. Schmid. Th. 3. S. 253.

Eine weitere auffallende Form ist „der Christe"; vgl. Räuber IV, 3: „Daniel. Aber ich hoffte ein Christe bleiben zu dörfen," ein schwacher, aus dem Plural „Christen" gebildeter Nominativ Singular (vgl. Grimm, Wörterbuch II, 619), der auch bei Luther vorkommt.

Die starke Form „den Held" (Nänie: „Nicht errettet den göttlichen Held die unsterbliche Mutter") ist für fehlerhaft und als eine Concession an das Metrum angesehen worden. Mit Unrecht; denn sie kommt noch in Schriften jener Zeit öfter vor, und Schiller gebraucht sie auch zweimal in seinen prosaischen Schriften, wo er durch ein Sylbenmaß nicht gebunden war. Freilich finden wir diese Form nur in der ersten Ausgabe, und schon Körner hat geändert. Die Stellen lauten: „Ein früher Gebrauch der Waffen bildete ihn zum künftigen Held." „Neigung sowohl als Staatsgründe vermochten diesen ehrwürdigen Held" u. s. w. (Geschichte der Unruhen in Frankreich u. s. w.). Ebenso findet man auch bei Schiller die starke Form „den Hirt" (in dem Gedicht: der Abend: „und tränkt den Hirt"), sowie „den Falk" (Jungfrau von Orleans V, 11: „den Falk erkenn' ich in den höchsten Lüften"); vgl. Hahn, neuhochdeutsche Grammatik S. 68.

Auch das Genus einzelner Substantiva ist in den neueren Ausgaben dem jetzigen Sprachgebrauch angemessen worden; so „das Tribunal" statt „der Tribunal" (Räuber V, 1: Moser: „… ein innerer Tribunal, den ihr nimmermehr bestechen könnt"); dann „das Ereigniß" statt „die Ereigniß" (Abfall der N., „eine günstige Ereigniß"); „die Locke" für „der Lock" (Fiesko, 1. Ausg. II, 15: „Mohr: … entwischt mir ein Lock Haare;" wofür dann geändert wurde: „eine Locke Haar." In der 1. Ausgabe und im Mannheimer Manustript steht „Lot"; derjenige, welcher für Boas die Abschrift des letztern fertigte, schrieb, das Wort gänzlich mißverstehend: „Loth," und so lesen wir in dessen „Nachträge zu Schillers Werken III. S. 129: „entwischt mir ein Loth Haare." In einigen Gegenden findet sich Locke wie Flocke männlich). Diese drei Substantiva kommen übrigens mit dem angegebenen Genus nur in den angeführten Stellen bei Schiller vor.

Bei den Adjektiven findet sich vielfach die starke Form, wo der jetzige Sprachgebrauch die schwache fordert; z. B. „die blaue Flecken"; „meine arme Lippen"; „alle diese schöne, glänzende Tugenden," „eure fürchterliche lateinische Wörter."

Daß der Dichter oft das Adjektiv beim Neutrum unflektirt gebraucht, z. B. „ein schön Geläute," „sein bös Gelüsten," „ein größer Leid" versteht sich von selbst; aber den meisten heutigen Lesern wird es auffallen, wenn sie finden, wie er wirklich geschrieben hat (Fiesko, Personenverzeichniß): „Sacco ... gewöhnlich Mensch." Für den Sprachforscher ist dieser Fall interessant, und er wird hier sogleich die Einwirkung der lutherischen Bibelübersetzung in ihrer ursprünglichen Fassung erkennen und sich der Stellen Matth. 12, 35 „ein gut Mensch," Mark. 5, 2 „ein besessen Mensch," insbesondere aber 3 Mos. 7, 21 „und wenn eine Seele etwas Unreines anrühret, es sey unrein Mensch" erinnern. In unsern heutigen Bibelausgaben lesen wir aber an den betreffenden Stellen: „ein guter Mensch," „ein besessener Mensch," „es sei ein unreiner Mensch."

Von den Zahlwörtern kommt die Form „beede" nur in den Schriften der ersten Periode vor; dagegen finden sich die Formen „zween" und „zwo" in den Schriften jeder Periode. An folgender Stelle (Gedichte, Amalia) „wie zwo Flammen sich ergreifen," hat man mit Recht diese Form beibehalten; wogegen sie in den dramatischen und prosaischen Werken den jetzigen Lesern sehr auffallen würde; z. B. Carlos (letzte Bearbeitung im „Theater" 1805) „zwo Zeilen sind für jetzt genug"; „nur zwo Minuten bleibe"; Abfall der Niederlande: „die unnatürliche Verbindung zwoer so widersprechender Nationen"; „die zwo unentbehrlichsten Tugenden" und so öfter. Für den Sprachforscher ist es bemerkenswerth, daß Schiller diese Form auch mit dem Masculinum verbunden hat: „und zwoen Knechten winket er" (vgl. meine „Beiträge" von 1858 S. 33); und auch für die Verbindung mit dem Neutrum kann ich eine Stelle anführen: „was kann den Bund zwoer Herzen lösen" (Fiesko I, 4). Selbstverständlich ist an allen diesen Stellen geändert worden. In ähnlicher fehlerhafter Verwechslung finden wir bei Schiller auch

„zween" mit dem Femininum verbunden (Macbeth III, 2): „für eine dunkle Stunde oder zween." Wenn neuere Dichter, wie z. B. Uhland, „zwo" und „zween" gebrauchen, so geschieht es immer in der Absicht, dem Gedicht eine bestimmte Färbung zu geben, z. B.: „Von Sachsenheim zween Ritter, der Vater und der Sohn," oder: „Zwo mächt'ge Feen nahten dem schönen Fürstenkind" und m. a. a. O. Dafür, daß Schiller auch die Ordinalzahl „zwote" gebraucht, wird immer die „zwote Ausgabe" der Räuber (1782) angeführt und diese Form in der Regel mit „!" oder „sic" begleitet. Allein ich muß bemerken, daß „zwote," natürlich neben zweite, in allen Schiller'schen Schriften vorkommt, und daß noch in der letzten Bearbeitung des Carlos Aufzug I, Auftritt 5 Philipp sagt:

Doch dies entschuldigt nur die erste Dame,
Wo war die zwote?

So wird man auch statt der von Schiller stets gebrauchten und allerdings richtigen Form „eilf" in nicht zu ferner Zeit „elf" drucken, welches jetzt allgemein gebräuchlich ist. Deßgleichen sind die Formen „funfzehn" und „funfzig" bereits durchgängig in „fünfzehn" und „fünfzig" umgeändert.

„Denen" findet sich als Artikel (z. B. denen Gästen; denen in Frankreich Zurückgebliebenen), und als Pronomen demonstrativum: „an denen Orten, wo" u. s. w.

Veraltete Verbalformen, die jetzt weder auf der Bühne, noch bei einem sonstigen Vortrag in Anwendung kommen, sind: „willt" für „willst" (vergl. Hahn, neuhochdeutsche Grammatik S. 139): „sei wie du willt, namenloses Jenseits" (Räuber IV, 5); „stikst" für „steckst," sowie „stikt" für „steckt" (Hahn, a. a. O. S. 115): „nun, Hauptmann, wo stikst du?" (Räuber IV, 4) und „wo stikt dann das Heilige?" (Räuber I, 1). Ueber „weißt" für „weiß," vergl. meine „Beiträge" S. 6 und 7.

„Nimmt" für „nehmt," vergl. Räuber, Aufzug V, Auftritt 1: „Daniel. Jesus Christus! was ist das? Georg! Conrad! Bastian! Martin! ...... so nimmt doch nur Vernunft an!" u. s. w. Mein Freund, Dr. K. Frommann, Vorstand der Bibliothek des

Germanischen Museums in Nürnberg, dieser bewährte Kenner der deutschen Sprache und ihrer Mundarten, der mich bei meinen Arbeiten durch mannigfache Winke unterstützt hat, nennt diese Form eine unerhörte. Wenn sich dieselbe nun auch nicht geradezu durch den Dialekt erklären läßt (der Schwabe konjugirt das Präsens von „nehmen" auch nur im Singular mit dem Ablaut „i": ich nimm,[1] du nimmst, er nimmt, und kehrt im Plural zum Wurzelvokal „e" zurück), so möchte doch die schwäbische Aussprache von Einfluß auf die Bildung der Form „nimmt" gewesen sein. Im schwäbischen Idiom gestalten sich nämlich die Vokale „e" und „i" vor den Liquiden „m" und „n" zu einem nasalen, indifferenten, zwischen beiden Votalen schwebenden Laut, und wie bei Schiller aus dieser Ursache „Martiningo" neben „Martinengo," „St. Quintin" neben „St. Quentin," „springen" für „sprengen" und umgekehrt vorkommen, mag ihm auch, dem ohnedies „nehmen" mit dem Ablaut „i" in allen Formen des Singulars geläufig war, die Pluralform „nimmt" für „nehmt" entschlüpft sein. Es ist noch zu bemerken, daß im „Trauerspiel" die richtige Form hergestellt ist.

Mehrere Verba der starken Konjugation haben zuweilen bei Schiller einen andern als den gewöhnlichen Ablaut, z. B. begonn, besonn, sturb, entrunnen; während er anderseits manchmal auf Verba der starken Konjugation die schwache anwendete, so: gedeihte, pfeifte, rufte, und das schwache Verbum „fragen" im Präteritum stark behandelt: frug. Einzelne dieser Formen kommen nur in den frühesten Schriften vor, andere finden sich auch in denen der spätern Zeit, z. B. entrunnen im Fiesko (Ausgabe 1) und Wallenstein IV. 11:

  Nicht Ruhe find' ich bis ich diesen Mauren
   Entrunnen bin — —.

Bei einigen Verbis der starken Konjugation fügt Schiller in der ersten und dritten Person des Präteritums ein „e" an, und zwar nicht nur in den poetischen Werken, sondern auch in den

---

[1] Analog mit: ich iß, ich gib, ich trit, ich wirf, ich stirb u. s. w.; vergl. Hahn, neuhochdeutsche Grammatik, 1. Abth. S. 111.

prosaischen; so finden wir in den ersten Ausgaben er flohe, sahe, es geschahe; vergl. Hahn, neuhochdeutsche Grammatik S. 123. Diese Form war ihm so geläufig, daß er in Fällen, wo er dieses „e" wegläßt, den Ausfall desselben durch den Apostroph bezeichnet: sah' er, geschah' es.

Ebenso hat Schiller bei Verbis der schwachen Konjugation, welche das Präteritum und II. Partizip nach der Regel ohne den Bildungsvokal „e" bilden, vielfach dieses „e" beibehalten, z. B. befreiete, bejahete, reisete; und in gleicher Weise bei Weglassung desselben den Ausfall durch einen Apostroph angedeutet: befrei'te, bejah'te, reis'te.

Auch in Bezug auf die Syntax ist man in den bisherigen Ausgaben von dem ursprünglichen Text abgegangen; z. B. „mir im Wein oder in Chokolade zu vergeben" (Räuber IV, 2). Die Konstruktion mit dem Dativ, statt mit dem Accusativ bei „vergeben" führt Adelung als oberdeutsch auf, und sie findet sich heute noch in diesen Dialekten. Schiller hat in der 2. Ausgabe „vergiften" statt „vergeben" geschrieben, ohne „mir" zu ändern. Höchst wahrscheinlich hat er dies übersehen, da sich meines Wissens noch kein Beispiel für die Konstruktion „einem vergiften" gefunden hat. Eine andere auffallende Konstruktion findet sich in Kabale und Liebe II, 6: „sie [jetzt: ihr] droht eine Ohnmacht," so 1. Ausgabe. Vergl. über diese Konstruktion Grimm, Wörterbuch II, S. 1344.

Schiller hat sich öfter verschrieben; z. B. „Feinde" für „Freunde" (siehe „Beiträge" S. 40, 41), „Tochter" für „Schwester"; vergl. Bd. XI, S. 170 (Ausgabe 1838): „Bald würden Sie und auch der heilige Vater bekennen müssen, daß diese Verheirathung meiner Schwester das ausgesuchteste Mittel sey, die wahre Religion" u. s. w. — König Karl IX. spricht hier von seiner Schwester Margaretha, der nachmaligen Gemahlin Heinrichs von Navarra. In der 1. Ausgabe und bei Körner steht statt „Schwester": Tochter. Ebendaselbst S. 186 heißt es: „Des Admirals Schwiegersohn Teligny" u. s. w. Erste Ausgabe und Körner haben statt „Teligny": Coligny. Viele Schreibversehen finden sich namentlich in dem Genus des Pronomen possessivum; z. B. Abfall der Niederlande Bd. VIII. S. 425 (Ausgabe von 1838): „Dieser Kanal, den die Armee ihrem (lies: seinem) Urheber zu Ehren den Kanal von Parma nannte" u. s. w. An diesen drei letzten Stellen waren Körner die bemerkten Fehler entgangen; bei manchen andern fühlte er die Nothwendigkeit einer Verbesserung; z. B. Geschichte des dreißigjährigen Kriegs (Ausgabe 1838) Bd. IX, S. 355. „Von Blut und Wunden bis zum Unkenntlichen entstellt … wird er (Gustav Adolph) unter einem Hügel von Todten hervorgezogen, nach Weißenfels gebracht, und dort den Wehklagen seiner Truppen, den letzten Umarmungen der Königin überliefert." So änderte Körner die ursprüngliche und durch die zwei von Schiller besorgten Drucke beglaubigte Lesart: „den letzten Umarmungen seiner Königin." Ich glaube jedoch, daß der Fehler nicht in „seiner," sondern in „Königin" liegt und daß man lesen muß: „seiner Gemahlin". Für diese Aenderung möchte aufs entschiedenste folgende, ebendaselbst S. 338 befindliche Stelle sprechen: „zu Erfurt trennte er sich von seiner Gemahlin, die ihn nicht eher als zu Weißenfels — im Sarge wieder sehen sollte." Um eine Autorität für diese Behandlung des Textes anzuführen, erwähne ich hier, daß selbst Regis, der an die bisherigen Ausgaben den Maßstab einer streng kritischen legt und so alle orthographischen Abweichungen als fehlerhaft bezeichnet, sich einmal bei „Dido" (Uebersetzung des 4. Buchs der Aeneide) Strophe 56: „So fährt, wenn der Orgnen Ruf erschallt," zu folgender Bemerkung veranlaßt sieht: „Welche Skansion und welche Schreibart! Als wenn Klaftern (ὄργυιαι) schrieen! Warum nicht: So fähret, wenn der Orgien Ruf erschallt ꝛc.?" An allen diesen Stellen ist in einer kritischen Ausgabe nach streng philologischen Grundsätzen der ursprüngliche Text festzuhalten und die Aenderung in einer Anmerkung beizufügen.

Eine besondere Gattung von Fehlern sind solche, die entstanden, indem Schiller in seinen Quellen ein Wort unrichtig gelesen und in Folge dessen auch unrichtig geschrieben hat. So finden wir im Demetrius in der von Körner besorgten Ausgabe durchgängig „Meischet," das in späteren Ausgaben in das richtige „Mnischet" verändert wurde. Ich war lange zweifelhaft, ob vielleicht Körner im Manuskript Schillers nicht richtig gelesen habe; aber die Vergleichung des Schiller'schen Manuskripts im Juli d. J. überzeugte mich, daß Schiller durchaus „Meischet" geschrieben hat. In den „Denkwürdigkeiten aus dem Leben des Marschalls v. Vieilleville" (Ausgabe 1838, Bd. XI. S. 245) heißt es: „Salignn, so hieß der Kundschafter, machte sich frisch auf" u. s. w., während im französischen Original wiederholt Sulignn steht. Ebendaselbst S. 210 sagt Schiller, die Memoiren des Carloir seien im Jahr 1767 in fünf Bänden im Druck erschienen; eine unrichtige Zeitangabe, da jene Memoiren 1757 erschienen sind und vom Jahr 1767 keine Ausgabe vorhanden ist.

Ueber Fehler in der Schreibung der Eigennamen aus der alten Welt habe ich mich in meinen „Beiträgen" S. 35 ff. bereits näher erklärt, und ich will hier nur noch einige wenige Eigennamen der neuern Zeit besprechen. Im dreißigjährigen Krieg (Ausgabe von 1838, S. 56) heißt es: „Zu Anhausen in Franken traten (1608) der Kurfürst" u. s. w. Bekanntlich wurde die evangelische Union, von deren Gründung hier die Rede ist, zu Anhausen (auch: Ahausen) geschlossen. Ebendaselbst S. 477: „Die ganze außerhalb des Orts verlassen stehende Artillerie wird, sowie das nahe liegende Schloß Honberg ohne Widerstand erobert, ganz Tuttlingen von der nach und nach eintreffenden Armee umzingelt" u. s. w. Schiller hat Hemburg geschrieben, und Schmid in seiner deutschen Geschichte schreibt Homburg; allein es ist zu lesen: Honburg, welches Schloß auf dem Honberg in der Nähe von Tuttlingen im Jahr 1460 erbaut wurde.

Wenn hier Unrichtigkeiten beseitigt wurden, so ist es sicher auf der andern Seite auch gestattet, in den für das größere Publikum bestimmten Ausgaben die jetzt übliche Schreibung der Eigennamen einzuführen, und z. B. zu schreiben Toul für Tull, Isar für Iser, Bruck (bei Erlangen) für Pruck u. s. w. Andererseits habe ich bei dem denkwürdigsten Namen der neuern und neuesten Zeit „Napoleon" eine ursprüngliche Schreibung Schillers hergestellt. Es heißt nämlich in den „Denkwürdigkeiten aus dem Leben des Marschalls v. Vieilleville" (Ausgabe 1838, Bd. XI, S. 212) „Um Nachricht von ihm einzuziehen, ließ er den Kapitän Napoleon, einen Korsen, mit der Regentin auslaufen, und in dieser Absicht nach Neapel segeln". So lesen alle Ausgaben der Werke, während in den Horen „Napolion" steht. Da mir, wie es wohl auch Andern ergangen, dieser Name auffiel, griff ich nach dem französischen Original und fand ihn hier ebenfalls mit -i- geschrieben; die Stelle lautet: „Ce conseil suivy, le comte Phillipin commanda au capitain Napolion Corse, de prendre la Regente, et d'aller jusques à Naples pour les effets cy-dessus." Hierdurch noch nicht befriedigt, wandte ich mich, nachdem mehrere anderwärts gemachte Anfragen ohne Erfolg geblieben, an Herrn Prof. K. B. Hase, Conservator der griechischen und lateinischen Handschriften an der kaiserlichen Bibliothek zu Paris, der mich auf die freundlichste Weise belehrte, daß der Vorname Napoleone in den italienischen Diplomen des Mittelalters auch zuweilen Napolione geschrieben werde. Auf den nähern Inhalt des interessanten Schreibens unseres ehrwürdigen hochgefeierten Landsmannes, dessen Liberalität die altklassischen deutschen Philologen schon in reichem Maße erfahren haben, werde ich bei einer anderen Gelegenheit zurückkommen.

Anders verhält es sich mit Fehlern, welche dadurch entstanden, daß Schiller entweder unrichtigen Quellen folgte oder seine Quelle mißverstand — an solchen Stellen darf in keiner Ausgabe eine Aenderung vorgenommen werden. Für jeden der beiden Fälle möge hier ein Beispiel stehen. Im dreißigjährigen Krieg (Ausgabe von 1838) S. 326 heißt es: „So sah sich denn Gustav Adolph an der Spitze von beinahe siebenzigtausend Streitern, ohne noch die Miliz der Stadt Nürnberg zu rechnen, welche im Nothfalle dreißigtausend rüstige Bürger ins Feld stellen konnte." Richtig wäre „dreitausend," wie Herr Rector Dr. W. Lochner, der erste Kenner der Nürnbergischen Geschichte, aufs gründlichste in seiner Schrift „Die Einwohnerzahl der ehemaligen Reichsstadt Nürnberg. Nürnberg. L. Schmidt 1857" gezeigt hat. Schiller folgte dem Theatrum Europaeum.

In der Geschichte des Abfalls der Niederlande II. Buch, „Kardinal Granvella" findet sich am Schluß, der auch sonst in den Bestimmungen der Zeitangaben fehlerhaft ist, folgende Stelle: „Er (Granvella) starb endlich auf einer italienischen Reise in der Stadt Mantua im drei und siebenzigsten Jahre seines Lebens." Schiller hat sich hier ein doppeltes Versehen zu Schulden kommen lassen; denn Granvella starb 1) 70 Jahre alt (geboren 1516, gestorben 1586), 2) in Madrid. Der letztere Irrthum Schillers beruht auf einem mißverstandenen lateinischen Ausdruck. In der Quelle, auf die er selbst in dieser Stelle hinweist (Strada l. IV.), heißt es: „Granvellanus Mantuae septuagenarius fato concessit." Mantuae ist am Rande durch Madridi erklärt; Schiller hat dies übersehen, sowie auch, daß es wenige Zeilen vorher Mantua Carpetanorum heißt, wodurch Madrid bezeichnet ist. Mit Strada stimmt überein Thuanus l. LXXXIV. 5 fin. „Denique post exantlatos labores in Hispaniam a Philippo evocatus et arcanis consiliis adhibitus tandem hoc anno aetatis suae sexagesimo nono Mantuae Carpetanorum decessit." Der Irrthum in der Auffassung von Mantuae veranlaßte Schiller, den Granvella eine Reise nach Italien unternehmen zu lassen.

Ich führe diese beiden Fälle an, nicht um gegen Schiller einen Tadel zu erheben, sondern um ihn vielmehr gegen einen ihm in neuester Zeit gemachten Vorwurf in Schutz zu nehmen, als habe er die von ihm citirten Quellen nicht einmal gelesen.

Gedichte.

So sehr man den Scharfsinn der wissenschaftlichen Kommission in Weimar, welche die Unechtheit der von v. Gerstenbergk gefertigten Schiller'schen Handschriften nachwies, anerkennen muß, so wird es doch gestattet sein, für die Echtheit einiger von jener Kommission verworfener Gedichte einzutreten. In der von Dr. A. Vollert herausgegebenen Schrift: „Der Proceß wegen betrüglicher

Anfertigung Schiller'scher Handschriften gegen v. Gerstenbergk" (Jena, Frommann, 1856) heißt es auf S. 20: „Ganz unverbürgt sind ferner 5 lyrische Gedichte: 1) die Journalisten und Minos aus der Anthologie auf das Jahr 1782, ist erst lange nach Schillers Tod und nur deßhalb ihm zugeschrieben worden, weil es in der Anthologie mit einer Chiffre unterzeichnet ist, die auch unter einigen von Schiller herrührenden Gedichten dieser Blumen= lese steht."

Nicht „lange nach Schillers Tod," sondern fünf Jahre vor dem= selben ist dieses Gedicht schon ausdrücklich Schiller zugeschrieben worden. Der Nachdruck „Sämmtliche Gedichte von Friedrich Schiller, Professor in Jena. Jena und Weimar 1800" (in 3 Bänden) er= öffnet mit demselben die Sammlung. Der Herausgeber sagt am Schlusse der Vorrede: „Da es übrigens sehr wahrscheinlich ist, daß der Verfasser [Schiller] eine strengere Wahl bei einer selbst besorgten Ausgabe treffen wird, so behält die vorliegende dennoch immer ihren Werth, da sie neben den vollendetsten Meisterwerken zugleich auch die charaktervollen Erstlinge unseres Lieblingsdichters enthält." Schiller gab bald selbst eine Sammlung seiner Gedichte heraus (1. Th. Leipzig, 1800, bei S. L. Crusius; 2. Th. ebend. 1803) und sagt in dem „Weimar, in der Ostermesse 1803" geschriebenen Vorwort zum zweiten Theil: „Möchte diese rechtmäßige, korrekte und ausgewählte Sammlung diejenige endlich verdrängen, welche vor einigen Jahren von den Gedichten des Verfassers in drei Bänden erschienen ist und ungeachtet eines unverzeihlich fehlerhaften Drucks und eines schmutzigen Aeußern zur Schande des guten Geschmacks und zum Schaden des rechtmäßigen Verlegers dennoch Käufer findet." Man sieht, Schiller stellt seine Ausgabe als eine „korrekte, aus= gewählte" der unrechtmäßigen gegenüber, bei welcher letzteren namentlich in der Aufnahme der Gedichte aus der ersten Periode durchaus nicht wählerisch verfahren worden war; er tadelt dieselbe wegen ihres unverzeihlich fehlerhaften Drucks und ihres schmutzigen Aeußern; und doch wie viel gerechtern Grund hätte er zum Tadeln gehabt, wenn in dem Nachdruck von 1800 ein unechtes Ge= dicht gestanden wäre, oder hätte er z. B. nicht das ganze Werk gründlich diskreditiren können, wenn es ihm möglich gewesen wäre, darauf hinzuweisen, daß die Sammlung gleich mit einem unechten Gedicht („die Journalisten und Minos") debütire. Schiller hat dies nicht gethan und damit unter andern auch jenes Gedicht stillschweigend als das seinige anerkannt. Zur Ergänzung, beziehungsweise Berichtigung des obigen Ausspruchs der Weimarer Kommission möge noch beigefügt werden, daß das Gedicht „die Journalisten und Minos" in der Anthologie mit der Chiffre Y. unterzeichnet ist, daß der Nachdruck von 1800 sämmtliche mit Y. unterzeichnete Gedichte der Anthologie — mit Ausnahme des Gedichts „Meine Blumen," das aber Schiller etwas ungeändert selbst der Sammlung von 1800—1803 einverleibte — aufgenommen hat. Es ist somit, was auch Boas in seinen „Schillers Jugendjahren," Band II, S. 120, ausspricht, mit dem ich in mündlichem Verkehr diesen Gegenstand öfter besprochen und dessen Bemerkungen an dieser Stelle mit den hier angeführten übereinstimmen, theils aus der stillschweigenden Zustimmung Schillers, theils aus dessen ausdrücklicher Anerkennung durch Aufnahme in seine ausgewählte Sammlung erwiesen, daß sämmtliche Y-Gedichte der Anthologie Schiller angehören, wie auch schon ein vom Verleger (J. B. Metzler) der neuen Titelausgabe der Anthologie (1798) beigefügter Vorbericht „vorzüglich die mit M. P. Wd. und Y. bezeichneten Gedichte" Schiller zuspricht.

Als „ganz unverbürgt" bezeichnet die Weimarer Kommission außerdem noch drei weitere Gedichte. Sie sagt in der angeführten Stelle: 2) „Entdeckung," angeblich von Schiller aus dem Stegreife für ein Singspiel gedichtet, nach bloßer Vermuthung in das Jahr 1787 gesetzt, zuerst 19 Jahre nach Schillers Tod in der Greiner'schen Gedichtausgabe (Grätz 1824) gedruckt, von Hoffmeister nur mit Zweifel aufgeführt, entbehrt jeder authentischen Beglaubigung und ist seinem ganzen Stylcharakter nach nicht von Schiller. 3) „Hochzeitgedicht," zuerst im Taschenbuch für Damen 1807 gedruckt, Schillern bloß nach einer unlegitimirten mündlichen Tradition beigelegt, von Boas vermuthungsweise in das Jahr 1801 gesetzt, von Hoffmeister in die Zeit von 1782—1787, jedoch mit überwiegenden Zweifeln gegen die Echtheit, entspricht keiner der

Stylarten Schillers. 4) „Die Priesterinnen der Sonne," gleichfalls erst 19 Jahre nach Schillers Tode in der Greiner=schen Ausgabe ohne Beglaubigung erschienen, von Hoffmeister mit unverhohlener Ungewißheit auf den Geburtstag der Herzogin Louise, 30. Januar 1788, bezogen; dies ist irrig, da es (siehe die vorletzte Strophe) an zwei Prinzessinnen gerichtet ist. Nichts beweist, daß es von Schiller sei."

Vor allem ist hier ad 2) und 4) berichtigend zu bemerken, daß beide Gedichte, die sogenannte „Entdeckung" und „die Prie=sterinnen der Sonne," nicht erst „19 Jahre nach Schillers Tode" zuerst veröffentlicht wurden, sondern daß beide bereits in dem bei Cotta in Tübingen herausgegebenen, „mit Beiträgen von Goethe, Lafontaine, Pfeffel, Jean Paul Richter, Schiller und andern" aus=gestatteten „Taschenbuch für Damen auf das Jahr 1809," also, da das Taschenbuch bereits in der Michaelismesse von 1808 ausgegeben wurde, schon 3 Jahre nach Schillers Tod — ge=druckt sind. Das erstere steht dort mit dem Titel „Lied von Schiller" auf S. 250; das zweite eröffnet auf S. 1 das Taschen=buch und trägt die Ueberschrift: „die Priesterinnen der Sonne. Zum dreißigsten Jänner 1788 von einer Gesellschaft Priesterinnen über=reicht," und ist mit der Unterschrift: „Friedrich Schiller" versehen. Ebenso wenig ist es Greiner, der sie, wie die Weimarer Kommission, den irrthümlichen Angaben Hoffmeisters, Boas und Viehoffs folgend, annimmt, im Jahr 1824 zum erstenmal in eine Sammlung Schiller'scher Gedichte aufgenommen hat, sondern es finden sich die erwähnten beiden Gedichte nebst dem unter 3) bezeichneten „Hoch=zeitsgedicht" und andern in der zwar unrechtmäßigen, aber wohl=geordneten Ausgabe der Werke in 18 Bänden, „Wien 1810, in Kommission bei Anton Doll;"[1] und zwar im 10., den zweiten Theil der Gedichte enthaltenden Band, im Anhang S. 249, 260 und 263. Das „Lied" hat an dieser Stelle in einer Note die

---

[1] Diese Ausgabe von „Friedrich Schillers sämmtlichen Werken" ist die erste Gesammtausgabe und bisher noch von keinem Literarhistoriker als solche genannt. Die Körner'sche, bisher allgemein als die erste Gesammtausgabe angesehen, erschien erst 3—5 Jahre später: 1812—1815.

Bemerkung „Aus dem Stegreif für ein Singspiel gedichtet." Die von der Weimarer Kommission angeführte Ueberschrift dieses „Liedes:" „Entdeckung" rührt wahrscheinlich von Gerstenbergk her. In einer diesem 10. Band vorgedruckten Vorrede heißt es: „Die Verlagshandlung erfüllt die Wünsche aller Verehrer Schillers, indem sie in einem Anhange mehrere der früheren wie auch späteren Gedichte dieses Lieblingsschriftstellers abdrucken läßt, welche derselbe aus zu großer Strenge nicht in die Sammlung aufnahm."

Um nun auf das „Taschenbuch für Damen," in welchem die sämmtlichen drei von der Weimarer Kommission weiter beanstandeten Gedichte ausdrücklich als Schiller'sche mitgetheilt sind, zurückzukommen, so ist hier vor allem als maßgebend in Betracht zu ziehen, daß die Namen der auf dem Titel genannten Mitarbeiter, unter ihnen der große mehrjährige Freund unseres Dichters, der Zeuge und Förderer seiner poetischen Produktionen, Bürgen dafür sind, daß kein Gedicht fälschlich dem Namen Schillers zugeschrieben worden. Es ist ferner der Name des Verlegers, des verstorbenen Freiherrn J. Fr. von Cotta, der stets so lebhafte und innige Beziehungen zur Wittwe Schillers unterhielt, Bürge, daß nicht schon wenige Jahre nach dem Tode des Dichters dessen geistiges Eigenthum in irgend einer Weise alterirt und dessen Gedächtniß der Gefahr ausgesetzt worden ist, dadurch mit einem Makel beworfen zu werden, daß man ihm Gedichte zuschrieb, die, falls sie unecht waren, gewiß von dem rechtmäßigen Verfasser reklamirt worden wären.[1] Und Körner, der so eifersüchtig für den dichterischen Ruf seines Freundes besorgt war, der ihn bei Lebzeiten so oft zur weisen Maßhaltung mahnte und ihm in der Periode der Läuterung mit seinem Rath und seiner Anleitung, bald tadelnd, bald aufmunternd zur Seite stand, sollte es stillschweigend und ohne Einspruch zu erheben, haben geschehen lassen, daß im „Taschenbuch für Damen" auf das Jahr 1807 (also, wie oben gezeigt, etwas über ein Jahr nach des Dichters Tod) S. 18 ein in der Anmerkung ausdrücklich

---

[1] Solches geschah z. B. mit dem wiederholt Schillern zugeschriebenen Gedicht „An den Kaiser Napoleon (1804)," das von dem preußischen Kriegsrath Karl Müchler als sein Eigenthum reklamirt worden ist.

als Schiller'sches bezeichnetes und deutlich genug auf Körners Vermählung (7. August 1785) bezogenes „Hochzeitsgedicht" abgedruckt steht, „das keiner der Stylarten Schillers entspricht?" Dieses Hochzeitsgedicht ist also im Sommer des Jahrs 1785 entstanden — wie die Anmerkung in dem Taschenbuch für Damen besagt, schrieb es Schiller, „umgeben von mehreren Menschen, aus der Fülle seiner schönen Seele," und gab es, ohne es wieder durchzusehen, zum Druck hin. Wir ersehen aus dem vom Leipziger Schillerverein auf den 9. Mai 1855 herausgegebenen, mit einem Vorwort von Professor H. Wuttke ausgestatteten „Gedenkbuch an Friedrich Schiller," welches unter anderem auch das Hochzeitsgedicht abdruckt, daß dieses dem Verein von Fräulein Charlotte Endner, Körners Nichte, in einer im Jahr 1785 vom Original genommenen Abschrift mitgetheilt wurde. Der Leipziger Schillerverein hat sich seit seinem Bestehen um die einschlägige Literatur durch seine Sammlungen verdient gemacht und ist auch bei der Kritik über dieses Gedicht mit aller Vorsicht und Umsicht aufgetreten.

Was den von der Weimarer Kommission bemängelten „Stylcharakter" dieser drei Gedichte betrifft, so kann man allerdings zugeben, daß sie, wie bei zweien derselben ausdrücklich bemerkt ist, als Improvisationen, als flüchtige Kinder des Augenblicks, nicht den vollwichtigen Stempel jenes Geistes an sich tragen, der die meisten übrigen Gedichte Schillers auszeichnet; dennoch findet sich in ihnen nichts, was geradezu dem Schiller'schen Geiste zuwider wäre. Was namentlich das „Hochzeitsgedicht" betrifft, das, wie in dem erwähnten „Gedenkbuch" des Leipziger Schillervereins bemerkt ist, „an den leichten Ton der muntern Liebeslieder des Boberschwans, Martin Opitz," erinnert, so ist es inmitten einer Zeit entstanden, in der wir der komischen Muse Schillers mehrere Erzeugnisse verdanken, deren „Stylcharakter," wenn dieselben nicht volle Beglaubigung hätten, gewiß nicht mit dem Schillers übereinstimmend befunden würden. Ich erinnere an die im Jahr 1783 entstandene „Wunderseltsame Historia des berühmten Feldzugs, als welchen Hugo Sanherib, König von Assyrien, ins Land Juda unternehmen wollte," sowie an das im Jahr 1786 verfaßte „Unterthänigste Promemoria an die Körner'sche Waschdeputation." Hoffmeister, sowie Boas und insbesondere Viehoff, tragen denn auch keine Bedenken, die obigen drei Gedichte für Schiller'sche anzuerkennen, die, man kann es wohl behaupten, gewiß nie beanstandet worden wären, hätte man früher gewußt, daß sie zuerst in dem unter Mitarbeiterschaft Goethe's und im Verlag Cotta's erschienenen Taschenbuch für Damen abgedruckt wurden. Der jahrelang fortgeschleppte Irrthum, sie seien zuerst von Greiner in Grätz, 19 Jahre nach des Dichters Tode, gedruckt worden, mußte Anlaß zu Bedenken gegen die Echtheit derselben geben. Die Redaktion des „Taschenbuchs für Damen" verfuhr bei der Auswahl und Aufnahme der verschiedenen Gedichte mit höchster Vorsicht; kein einziges der in den einzelnen Jahrgängen von verschiedenen Dichtern aufgenommenen Erzeugnisse kann als unecht angefochten werden; und nur bei den Gedichten Schillers sollten sich die Herausgeber ein wissentliches oder unwissentliches Falsum haben zu Schulden kommen lassen? Wir verdanken den Herausgebern auch die erste Veröffentlichung der von Schiller an Dalberg mit Uebersendung des „Tell" gerichteten beiden Stanzen; die Redaktion des Taschenbuchs für Damen glaubte sich gewiß ihre Leser zu besonderem Danke zu verpflichten, indem sie mit diesen Versen den Jahrgang 1807 eröffnete, und desgleichen wollte sie ihr Publikum verbinden, indem sie an die Spitze des Jahrgangs 1809 Schillers Sonnenpriesterinnen stellte. Dieses Gedicht wurde, wie in der Ueberschrift beigefügt ist, für den 30. Januar 1788 verfaßt. Der 30. Januar war der Geburtstag der regierenden Herzogin von Weimar, ein Fest, das von je am Hofe durch glänzende Redouten begangen wurde, und wozu, wie Viehoff[1] gewiß richtig vermuthet — da Goethe, der sonst hiezu das Festgedicht geliefert, in Italien abwesend war der gerade in Weimar anwesende jüngere Dichter um einen Beitrag angegangen wurde oder sich anbot. Daß er sich in dem Winter 1788 an den Weimar'schen Redouten lebhaft betheiligte, schreibt er selbst an Körner (I. S. 253). Die „beiden Fürstentöchter," deren das

[1] Zweite Ausgabe seiner Erläuterungen zu Schillers Gedichten, 3. Bd. S. 321 ff.

Gedicht in der vorletzten Strophe gedenkt, bieten gewiß keine weitere Schwierigkeit, wenn man mit Viehoff annimmt, daß der Dichter die Priesterinnen neben der regierenden Herzogin Luise auch der dem Fest ebenfalls beiwohnenden Herzogin Mutter Amalie den Zoll der Huldigung darbringen lassen wollte.

Wenige Wochen nach Veröffentlichung meines „Sendschreibens" erhielt ich von Freifrau Emilie von Gleichen aus dem Nachlasse ihres Vaters eine ohne Zweifel im Jahr 1788 gefertigte Abschrift der „Priesterinnen der Sonne," die ich nachfolgend mit genauer Beibehaltung des ursprünglichen Textes abdrucken lasse.

Zum 30ten Jänner 1788 zu einem Masquenball.

Die Pristerinnen der Sonne.

Der Tag kam, der der Sonne Dienst
Auf ewig enden sollte,
Wir sangen ihr das letzte Lied,
Und Quitos schöner Tempel glüht
In Ihrem lezten Glanze.

Da trat vor unsern starren Blick,
Wie Himmlische gebildet,
Umflossen von ätherischen Licht,
Ein Weib mit ernstem Angesicht,
Durch sanften Gram gemildert.

Der Sonne Dienst ist aus! rief sie,
Und ihre Zähren fließen,
Löscht, ruft sie, eure Fakeln aus!
Von nun an wird kein irrdisch Haus,
Kein Tempel mich verschließen.

Altar und Tempel stürzen ein.
Ich will mir besser wählen,
Zerstreuet Euch durch Land und Meer,
In keinen Mauern sucht mich mehr,
Sucht mich in schönen Seelen!

Wo künftig meine Gottheit wohnt,
Soll Euch dies Zeichen sagen: —
„Seht ihr in einer Fürstin Brust
„Für fremde Leiden, fremde Lust,
„Ein Herz empfindend schlagen,

„Sehet ihr der Seele Wiederschein
„In schönen Bliken leuchten,
„Und Thränen süßer Sympathie,
„Entlokt durch süße Harmonie
„Ihr sprechend Aug befeuchten.

„Darf sich zu ihrem weichen Ohr
„Die kühne Wahrheit wagen,
„Und ist sie stolzer Mensch zu sein,
„Mit Menschen menschlich sich zu freun
„Als über sie zu ragen.

„Noch Groß, wenn statt dem Purpurkleid
„Ein Hirtenkleid sie deckte;
„Noch Liebenswerth durch sie allein
„Wenn ihrer Hoheit Zauberschein
„Auch Schmeichler nie erwekte.

„Durchbebt in ihrer Gegenwart
„Euch nie gefühlte Wonne:
„Da, Priesterinnen! Betet an,
„Da zündet Eure Fakeln an!
„Da findet ihr die Sonne!"

Die Göttin sprichts, und schwindet hin;
Der Altar stürzt zusammen;
Schnell löscht das heilge Feuer aus;
In Trümmern liegt das Sonnen Haus,
Und Quito steht in Flammen.

Fern, fern von unserm Vaterland
Durchirrten wir die Meere,
Durchzogen Hügel, Thal und Fluß,
Und endlich setzten wir den Fuß
Auf diese Hemisphäre.

Da sahen wir mit Grazien
Die Musen sich vereinen,
Wir folgten diesem Götterzug,
Sie senkten ihren sanften Flug
Herab zu diesen Hainen.

„Zwei Fürsten Töchter wollen wir,"
Sie riefens mit Entzüken,
„Zwei Fürsten Töchter sanft und gut,
„In ihren Busen Göttergluth
„Mit diesem Kranze schmücken;"

Fühlt ihr die nahe Gottheit nicht,
Die wir im Tempel feiern? —
Das Zeichen, Schwestern! ist erfüllt!
Hier vor der Sonne schönen Bild
Laßt uns den Dienst erneuen.

Schiller.

Wir sehen also hier zwischen der 6. und 8. Strophe eine Strophe, die sich in den bisherigen Drucken nicht findet, und ich bemerke noch, daß die Notiz über dem Gedicht: „Zum 30ten Jänner 1788 zu einem Masquenball" von der Hand der Gattin Schillers herrührt, während der übrige Text und die Namensunterschrift von einer andern, männlichen Hand, aber nicht der Schillers, ist.

Wenn nun aber die Weimarer Kommission, ihr Urtheil über die mehrbesprochenen Gedichte zusammenfassend, bemerkt: „Keines dieser fünf Gedichte hat sich in Schillers Nachlaß gefunden, sonst hätte sie Körner in die Ausgabe nach Schillers Tode aufgenommen," so ist hiegegen Wesentliches einzuwenden. Im Nachlaß Schillers fanden sich allerdings, wie wir oben gesehen, „die Priesterinnen der Sonne." Körner hat aber auf den Nachlaß des Dichters überhaupt keine Rücksicht genommen. Im Nachlaß Schillers fand sich ein von der Handschrift seines Dieners Rudolph angefertigtes Manuskript[1] für die Prachtausgabe der Gedichte, das schon wegen der neuen Eintheilung und wegen einzelner vom Dichter eigenhändig vorgenommener Veränderungen von Körner hätte berücksichtigt werden sollen — dies ist aber nicht geschehen. Ja Körner hat nicht nur Gedichte, von denen er aufs bestimmteste wissen mußte, daß sie Schiller'sche seien, nicht aufgenommen — darunter zwei, die auf ihn selbst Bezug nahmen — er hat ein Gedicht, das Schiller in seine eigene Sammlung aufgenommen, im Jahr 1812 ausgeschlossen. Körners Verfahren in Bezug auf Schiller'sche Gedichte kann hier durchaus nicht ausschlaggebend sein. — Alle diese Gedichte, die bis jetzt nach Schillers Tod mitgetheilt wurden, sind Gelegenheitsgedichte, auf welche Gattung Poesie Schiller bekanntlich nur geringen Werth legte, wie er auch nur wenige derartige Gedichte in seine Sammlung aufnahm. Dieselben konnten sich auch gerade deßhalb längere Zeit der Mittheilung für ein größeres Publikum entziehen, weil sie, bei speciellen Anlässen entstanden, nur individuelle Beziehungen boten. Nach des Dichters Tod mochten die Betheiligten es für einen Akt der Pietät halten, diese bisher treu bewahrten Reliquien des Lieblingsdichters der Nation zur allgemeinen Mittheilung zu bestimmen, und diesem Gefühl verdanken wohl die in dem Taschenbuch für Damen (Jahrgänge 1806, 1807, 1808, 1809 und 1812) abgedruckten poetischen Erzeugnisse Schillers ihre Veröffentlichung.

Wenn schließlich die Weimarer Kommission sagt: „Keiner der Herausgeber dieser Gedichte hat eines davon in Schillers Handschrift vor sich gehabt," so ist dies eine doppelt gewagte Behauptung, einmal weil, wie ich nachgewiesen, die Weimarer Kommission bei zweien der beanstandeten Gedichte über die Person der Herausgeber im Irrthum war, und sodann, weil, auch die Richtigkeit ihrer

---

[1] Dasselbe ist von mir in meinem „Sendschreiben" mehrfach erwähnt und es war mir überhaupt von mannigfachem Nutzen.

Annahme über die Personen der Herausgeber vorausgesetzt, der Beweis, daß denselben keine Handschrift Schillers vorgelegen, wohl schwer zu führen sein dürfte. Noch gewagter aber ist es, auf diesen Satz einen Beweis für die Unechtheit zu stützen. Von den Stanzen, die Schiller mit dem „Tell" an Dalberg sandte, und die er in das Widmungsexemplar eigenhändig verzeichnet hat, lag gewiß den Herausgebern des Jahrgangs 1807 des Damentaschenbuchs kein Manuskript von Schillers Hand vor, da Schiller die Reinschriften durch fremde Hände besorgen ließ und nur die allerersten Entwürfe selbst anfertigte (ich verweise in dieser Beziehung auf das nachgelassene Manuskript vom „Demetrius"); deßwegen wird es wohl niemanden einfallen zu behaupten, jene Verse seien unecht. Ein Einzeldruck, eine bekannte Handschrift, noch dazu durch einige Worte von glaubwürdigen Personen bestätigt, — wie dies in meiner Handschrift von den „Priesterinnen der Sonne" der Fall ist — und ihr eigenes bestimmtes Wissen, die Gedichte seien von Schiller, war den Herausgebern des Taschenbuchs Bürgschaft, daß sie mit ihren Veröffentlichungen dem deutschen Publikum Wahres und Echtes boten. Auf diese Weise wurde das Gedicht: „Todtenfeier am Grabe Ph. Fr. v. Riegers" (Taschenbuch für Damen 1808 S. 252—254) der Nachwelt erhalten, von dem gewiß den Herausgebern der Einzeldruck[1] vorlag, während bis jetzt jede Spur eines solchen verschwunden geblieben ist, und in ähnlicher Weise, nicht durch Einzeldrucke, aber durch Handschriften, sind die drei Gedichte uns gerettet worden.

Wenn ich im Vorstehenden einige Aufstellungen des Gutachtens der Weimarer Kommission berichtigt habe, so bin ich doch weit davon entfernt, das hohe Verdienst zu mißkennen, das sich jene Kommission erworben, indem sie einem heillosen Schwindel in der literarischen Welt ein Ende gemacht hat. Bei dem großen Umfang der einschlägigen Literatur, der noch mit jedem Tag durch neue, theils in Einzelschriften niedergelegte, theils in den verschiedensten literarischen Zeitschriften zerstreute Forschungen- und Notizen mehr

---

[1] In einem solchen Einzeldruck wurde bekanntlich auch die „Elegie auf den Tod eines Jünglings" veröffentlicht.

anwächst, ist es höchst schwierig, sich stets auf der Kenntniß des Laufenden zu erhalten, und mag Manches nicht zur gehörigen Zeit beachtet werden. Und so habe auch ich mich sehr bald nach dem Erscheinen meines „Sendschreibens" zu einem Irrthum bekennen müssen, dessen ich mich schuldig gemacht, indem ich die von Schiller in Justi's Stammbuch eingetragenen Verse für seine eigenen hielt, während sie von Wieland herrühren.

Es möge mir gestattet sein, diese meine Uebereilung dadurch in etwas zu sühnen, daß ich auf ein Gedicht aufmerksam mache, das man wiederholt Schillern zuzuschreiben versucht hat. Leo von Seckendorf schrieb 1807 an Caroline v. Wolzogen (Literarischer Nachlaß der Frau Caroline v. Wolzogen, Bd. II, Leipzig 1849, S. 243): „Kürzlich erhielt ich Abschrift eines noch nicht gekannten Gedichts von ihm: „„Was ist der Mensch? Halb Thier, halb Engel."" Ist dieses schon gedruckt? Und wenn nicht, darf ich es dann in meinen Musenalmanach auf 1808 aufnehmen, an dem nächstens gedruckt wird? Sie haben vielleicht den dießjährigen Findling bei der Egloffstein gesehen? Besitzen Sie überhaupt nichts Ungedrucktes von Schiller zu diesem Behuf?" In Leo Seckendorfs Musenalmanach auf 1808 findet sich das in Frage stehende Gedicht nicht, und es hat ohne Zweifel Caroline v. Wolzogen die Autorschaft Schillers verneint. Es entstehen nun zwei Fragen: auf welchen Grund hin wurde dieses Gedicht Schiller zugeschrieben, und wer ist der wirkliche Verfasser desselben? Die erstere Frage läßt sich nur in soweit beantworten, daß schon sehr frühzeitig ein Einzeldruck dieses Gedichtes erschien, und daß als dessen Verfasser Schiller bezeichnet ist. Der Titel ist folgender:

Der Mensch, ein Gedicht von Schiller, in Musik gesetzt und für die Guitarre eingerichtet von Rodatz. Nr. 21 der Auswahl von Arien für die Guitarre. Preis 60 centimes. Nr. 351. Bei B. Schott in Mainz. Ps. 16 kr.

In einem ohne Zweifel später erschienenen Druck dieses Gedichts ist die Bezeichnung Schillers als Verfassers weggelassen und heißt der Titel: Aria. Der Mensch. Was ist der Mensch? halb Thier, halb Engel. Mit Clavierbegleitung. No. 535. Bei

B. Schott in Mainz. Pr. kr. 16. Die Verlagshandlung wurde, wie man wohl annehmen muß, nach Ausgabe des ersten Drucks vergewissert, daß Schiller nicht der Verfasser des Liedes sei, und ließ so auf dem Titel des zweiten Drucks dessen Namen weg. Seitdem ist das Gedicht noch einmal, und zwar in dem „Volksliederbuch für Deutschlands Sänger, gesammelt von Fr. Bartholomäus, 2. vermehrte Auflage. Erfurt." (ohne Jahr) kl. qu. 8. Schiller zugeschrieben, dessen Name sich am Schluß desselben S. 188 findet. Die Frage nach dem wirklichen Verfasser beantwortet Hoffmann v. Fallersleben in seiner Schrift „Unsere volksthümlichen Lieder. 2. Auflage. Leipzig. W. Engelmann 1859," wo S. 138 Joachim Lorenz Evers, geboren zu Altona 20. September 1758, gestorben daselbst 2. November 1807, als Verfasser genannt ist.

Darf man bei der Würdigung der historischen Gründe für die Echtheit oder Unechtheit eines Gedichts nur mit größter Vorsicht zu Werke gehen, so ist dies noch mehr der Fall bei der Beurtheilung eines Gedichts nach subjektiven oder inneren Gründen, weil hier dem Beurtheiler jeder sichere Maßstab abgeht, der durch das persönliche Gefühl nicht ersetzt wird.

So findet man, daß sonst gewiegte Kenner Schiller'scher Gedichte, wenn sie sich auf den schwankenden Boden der subjektiven Kritik begeben, einander widersprechende Urtheile fällen. Die Gedichte der Anthologie forderten von je durch ihre Bezeichnung mit verschiedenen Buchstaben zur Enträthselung auf. Dabei hat sich soviel als sicher herausgestellt, daß sämmtliche, mit einer und derselben Chiffre bezeichnete poetische Produkte auch einem und demselben Verfasser angehören. Mit dem Buchstaben „W" bezeichnet finden sich in der Anthologie drei Gedichte: „An die Sonne," „Die Herrlichkeit der Schöpfung" und „Ein Vater an seinen Sohn." Bevor ich mich über diese bestimmter ausspreche, will ich noch folgendes Thatsächliche beibringen. In Nr. 48 des „deutschen Museum" von R. Prutz, Jahrgang 1859, theilt Herr August Henneberger ein Gedicht „an die Sonne" mit, dessen Original von der Hand der Christophine Reinwald, der Schwester Schillers, geschrieben ist und neben der Ueberschrift die gleichfalls von ihr geschriebene

Bezeichnung: „Gedicht von Schiller in seinem 14. Jahre" trägt. Eine Vergleichung dieses Gedichts mit dem in der Anthologie veröffentlichten ergibt alsbald, daß beide Gedichte, trotz erheblicher Abweichungen, die theilweise auch auf Rechnung der Abschrift kommen mögen, Ausflüsse eines und desselben dichterischen Geistes sind. Der Charakter der Frau Reinwald schließt jeden Zweifel an der Echtheit des von Herrn Prof. Dr. A. Henneberger mitgetheilten Gedichtes aus. Ueberdieß ist noch ein weiteres Zeugniß vorhanden, daß in dem Kreis der Schiller'schen Familie die Kenntniß von einem Gedichte Schillers „an die Sonne" stets lebendig war. Karl Groß[1] schreibt aus Rudolstadt, 10. August 1805 in einem noch ungedruckten Brief an Charlotte v. Schiller u. A. Folgendes: „Eine Frage und Bitte; als ich eben damals[1] mehrere Tage in Ihrer Nähe verlebte, von denen ich noch immer kaum begreife, wie mir selbige wurden, sprachen Sie mir von einem Lied an die Sonne, das Schiller geschrieben hätte. Unzähligemal habe ich an dieses Sonnenlied gedacht, weil mich die Sonne selbst und was mir die Sonne in meinem Leben war, so oft an das denken machte, was Schiller darüber gesagt haben möchte. Sollte sich jenes Gedicht finden, so erfreuen und beschenken Sie mich mit einer Abschrift davon." Es ist nicht zu zweifeln, daß Groß hier das in der Anthologie abgedruckte, von Frau Reinwald in Abschrift aufbewahrte Gedicht „an die Sonne" meint, das unstreitig Schiller zugeschrieben werden muß, womit aber auch die beiden andern erwähnten, mit „W" bezeichneten Gedichte der Anthologie Schiller zuzuweisen sind. Mag auch eine subjektive, aus Gründen individueller Empfindung schöpfende Kritik sie als „wortreiche, aber gedankenarme Oden" bezeichnen, die „sicher nicht von Schiller" seien, so kann dieses Urtheil vor den auf sicheren Thatsachen fußenden Zeugnissen nicht bestehen.

Gehören die Gedichte, die ich bisher besprochen und als Schiller'sche nachgewiesen habe, zumeist der Periode des Dichters an, wo er sich noch nicht zu jener maßvollen Form, die wir an den reiferen Erzeugnissen seiner Muse bewundern, durchgerungen hatte, so komme

---

[1] Groß war 1791 in Rudolstadt, als Schiller dort krank war.

ich jetzt zu einem poetischen Erzeugniß, das in die besten Jahre des Dichters fallend, wenn auch ebenfalls ein Gelegenheitsgedicht, doch weit deutlicher die gewaltigen Spuren seines Genius erkennen läßt.

Am Ende des Jahres 1854 machte mir Frau v. Gleichen folgende Mittheilung: „Als ich im Jahre 1827 mit Frau Amalie v. Helwig, geb. v. Imhof,[1] nach Berlin reiste, erzählte sie mir unter Anderem, sie habe sich einmal in Weimar auf einem zu Ehren der Herzogin Luise veranstalteten Maskenball mit einer Freundin verabredet, als Schatten zu erscheinen, und Schiller gebeten, er möchte ihr hiezu in ihrem Namen ein kleines Gedicht verfertigen. Schiller habe ihrem Wunsch willfahrt und ihr ein recht sinniges Gedicht verfaßt. Sie erzählte mir auch, es seien auf diesem Maskenball ein paar Irrlichter gewesen, welche Goldblättchen und Gedichte ausgeschüttelt hätten."

Mangelt hier, um sichere Anhaltspunkte für die Auffindung jenes Schiller'schen Gedichtes zu haben, die Bestimmung der Zeit, in welcher der Maskenball stattgefunden hat, so gibt uns ein Brief Goethe's an Schiller (Briefwechsel, 2. Auflage, 1. Bd., S. 135) dd. Weimar, 30. Jänner 1796, die befriedigendsten Aufschlüsse. Goethe schreibt: „Der erste Akt wäre überstanden! ein Aufzug, den ich zur gestrigen Redoute arrangiren half; es ging alles gut ab, obgleich der Saal übermäßig voll war. Da man jetzt bloß in Distichen spricht, so mußte der türkische Hof selbst sein Kompliment an die Herzogin in dieser Versart darbringen, wie Sie aus der Beilage sehen werden. Eine andere Gesellschaft hatte einen Zug von gemischten Masken aufgeführt, unter welchen sich ein paar Irrlichter sehr zu ihrem Vortheil ausnahmen; sie waren sehr artig gemacht, und streuten, indem sie sich drehten und schüttelten, Goldblättchen und Gedichte aus..." Schiller erwidert unterm 31. Jänner

---

[1] Amalia v. Imhof, dem deutschen Publikum durch die Uebersetzung der Frithjofssage am meisten bekannt, war am 16. August 1776 zu Weimar geboren, bekleidete am dortigen Hofe die Stelle einer Hofdame der Herzogin Luise und stand mit Goethe und Schiller im poetischen Verkehr, welcher Letztere ein von ihr verfaßtes hexametrisches Gedicht in sechs Gesängen: „die Schwestern von Lesbos" in seinen Musenalmanach auf das Jahr 1800 aufnahm. Im Jahr 1803 vermählte sie sich mit dem schwedischen Obersten v. Helwig und starb in Berlin 1831.

u. A.: „Ich wünsche Glück zu dem erwünschten Ausgang der Festivität, die sich ganz artig und lieblich mag ausgenommen haben. Die Irrlichter haben mich besonders gefreut." Vergleicht man das eben Erwähnte mit der obigen Mittheilung der Frau v. Gleichen, namentlich die in beiden fast gleichlautend erzählte Episode von den „Irrlichtern," so ist kein Zweifel, daß in beiden von einem und demselben Maskenball die Rede ist: es ist eine — wie jene zum 30. Januar 1788, dem die „Priesterinnen der Sonne" ihre Entstehung verdanken — für den Vorabend des Geburtstags der Herzogin Luise den 29. Januar 1796 veranstaltete Redoute.

Im Jahrgang 1797 der Horen, 10. Stück, S. 102 findet sich nun unter der Nummer X. folgendes Gedicht:

Die Schatten auf einem Maskenball.

Zu dem Tummelplatz der muntern Freude
Schwebt vom Sturmumflossnen Reiche heute
Hand in Hand, ein stilles Schattenpaar,
Daß es einmal noch Dich wiedersehe
Hohe Sterbliche, in deren Nähe
Es am seeligsten hienieden war.

Längst schon tranken wir der Lethe Welle
Senkten heiter in die heilge Quelle
Alle Bilder der Erinnerung.
Nur Dein schönes holdes Bild besieget
Lethes Macht, auf sanfter Woge wieget
Es ihr reiner Spiegel ewig jung.

Sehnsuchtsvoll und liebend heut entwallen
Wir Elysiums umblühten Hallen
Den Gefilden niegestörter Ruh,
Eilen Deinen Blicken zu begegnen
Dich mit leisem Geistergruß zu seegnen,
Diesem fremdgewordnen Schauplatz zu.

Was mit scheuem ehrfurchtsvollen Zagen
Sterbliche nicht auszusprechen wagen,
Wenn es ahnend ihren Busen schwellt
Dürfen mit bedeutungsvollem Schweigen
Treue Geister Deinem Geiste zeigen,
Worte sind es einer andern Welt.

Daß die stille Tugend, die Du liebest,
Und mit schön bescheidner Größe übest
Fern von Schimmer und von Irrthum frei,
Die Gefährtin, die uns dann geleitet
Wenn mit uns der Kahn den Styx durchgleitet
Und die einz'ge die uns folget sey.

Erwägt man nun das durch die Mittheilung der Frau v. Gleichen verbürgte Zeugniß der Amalie v. Imhof, welche als junge, 19½jährige Dame auf jenem Maskenball den Geist einer Abgeschiedenen vorstellt und als solcher ein ihr von Schiller zu diesem Behuf verfaßtes Gedicht vortrug, so springt alsbald ins Auge, daß das eben mitgetheilte Gedicht das von A. v. Imhof gemeinte, daß es ein Gedicht Schillers ist. Daß dasselbe in Reimen abgefaßt ist, während Goethe schreibt, man spreche bloß in Distichen, darf niemand beirren, da Schiller in Jena wohl diese neue Methode, sich an Weimarer Hoffestlichkeiten poetisch auszudrücken, noch nicht bekannt war, und jene Aeußerung Goethe's wohl auch nur cum grano salis zu verstehen ist.

Betrachtet man das Gedicht „die Schatten" selbst genauer, so läßt die klare durchsichtige Sprache, die gefällige Behandlung der Form und die ideale, tiefpoetische Anschauung jenen Dichter wiedererkennen, der wenige Monate zuvor die formvollendete herrliche „Elegie," die anmuthige „Würde der Frauen" und das erhabene „das Ideal und das Leben" gedichtet hatte und der eben mit seinem Freund zu dem Kampf gegen die Unnatur, die Plattheit und die Gemeinheit in der deutschen Literatur die tödtenden Pfeile schärfte. Nicht unerwähnt darf noch bleiben, daß mir Frau

v. Gleichen im Jahr 1859 mitgetheilt hat, sie besitze ein Exemplar der Horen, in welchem die Verfasser der Gedichte öfter bezeichnet seien, und in diesem sei unserem Gedicht der Name „Schiller" beigeschrieben. Wenn ich noch bemerke, daß auch dieses Gedicht, wie sämmtliche bisher noch ungedruckte Schillers, ein Gelegenheitsgedicht ist und daß daher das schon früher Gesagte auch auf das vorliegende volle Anwendung findet, so glaube ich das Nöthigste hier angeführt zu haben, um für unseren Dichter ein poetisches Erzeugniß zu retten, das, wenn je eines der Gedichte dieser Art, seines Geistes nicht unwürdig ist.

Zu dem von mir in meinem „Sendschreiben" S. 16 ff. mitgetheilten Gedicht „Im Oktober 1788," das ich als ein Schiller'sches nachgewiesen, mögen mir nachträglich hier noch einige Erläuterungen gestattet sein. Gewiß wird sich mancher Freund und Kenner der Schillerliteratur gefragt haben, ob sich wohl in den Mittheilungen über das Leben des Dichters oder in dessen Briefwechsel genauere Daten oder Anhaltspunkte für dieses Gedicht auffinden lassen. In der That hat Herr Professor Dr. Wölffel in Nürnberg in einem im dortigen literarischen Verein gehaltenen Vortrag, der die äußere Schönheit, die innere harmonische Gliederung und die tiefen, bedeutungsvollen Beziehungen des Oktobergedichts hervorhebt, gestützt auf einige Stellen aus dem Briefwechsel Schillers und der Schwestern v. Lengefeld aufs scharfsinnigste nachgewiesen, daß Schiller jenes Gedicht in Rudolstadt am Vorabend seines Geburtstags (9. November 1788), an welchem es wahrscheinlich auch verfaßt worden, dem Lengefeld'schen Schwesternpaar als Erinnerung und Scheidegruß überreicht habe.[1] Die Ueber-

---

[1] Man vgl. Schiller und Lotte, S. 101—103. Lotte reiste am 13. November nach Erfurt, Schiller nach Weimar. Ein von Schiller an seinem Geburtstag geschriebenes Billet an die Schwestern lautet: „Daß ich mich in meiner Vermuthung nicht betrogen habe, das gestrige Gedicht würde Sie interessiren, freut mich ungemein, — es beweist mir, daß Ihre Seele Empfindungen und Vorstellungsarten zugänglich und offen ist, die aus dem Innersten meines Wesens gegriffen sind." Es fällt in diese Zeit kein einziges der bekannten Gedichte Schillers; die „Künstler," auf welche Caroline v. Wolzogen in ihrem „Leben Schillers" das Gedicht, von dem in jenem Billet die Rede ist, bezieht, waren damals erst begonnen. Uebrigens muß ich meine Leser auf diese geistvolle Arbeit des Herrn Professor Wölffel wegen des Näheren verweisen.

schrift „im Oktober" sei gerade mit Absicht gewählt worden, um auf jenen beglückenden Augenblick eines ersten geheimen Verständnisses der Liebe hinzudeuten, an welchen Schiller fast ein Jahr später Lotten in einem Brief mit folgenden Worten erinnere: „Du drücktest mir die Hand, das erstemal, und mit einer tiefen Bewegung. Damals glaubte ich in deinem Herzen etwas zu lesen, aber diese Stunde kam nicht wieder."

Ich war bei diesem Vortrag nicht anwesend und bekam erst Kenntniß davon, als er am Ende des Jahrs 1859 im „Album" des literarischen Vereins gedruckt erschien. (Album des literarischen Vereins in Nürnberg für das Jahr 1860 Seite 224—236.) Unterdessen aber hatte ich mich selbst einer Stelle im Körner'schen Briefwechsel erinnert, die mir schon im Jahr 1847 aufgefallen war und welche ich mir zu weiterer Nachforschung besonders angemerkt hatte. Schiller schrieb nämlich unter dem 5. Mai 1793 (Briefwechsel mit Körner III, 101), er sei mit der Revision seiner Gedichte beschäftigt, von denen er einige zum Abdruck bereit halten müsse. Die Sammlung werde, „drei neue Gedichte mit eingerechnet, nicht über zwanzig Stück enthalten," und er bitte Körner, dieselben auszusuchen. Körner, welcher sich, wie er selbst in einem spätern Brief vom 31. Mai gesteht, allzu genau an die von Schiller bestimmte Zahl siebzehn hielt, schreibt unter dem 11. Mai (Seite 103 f.) über die von ihm getroffene Auswahl: „Leider habe ich deine Anthologie nicht mehr. . . . Ich kann also leicht ein Gedicht vergessen, das Du aufnehmen willst. Bei folgenden Siebzehn würde ich gar keinen Zweifel haben: Künstler, Götter Griechenlands, Freude, Resignation, Freigeisterei der Leidenschaft, an Deinem Geburtstage, Freundschaft, Vorwurf an Laura, Phantasie an Laura, Laura am Klavier, Geheimniß der Reminiscenz, Hymne an die Liebe, Brutus und Cäsar, die Parzen, meine Blumen, Elegie am Grabe eines Jünglings, die gelehrte Frau." Schon die Berufung auf die Anthologie, dann die Aufzählung der Gedichte, auf die wir sogleich zu sprechen kommen werden, im Zusammenhalt mit der Aeußerung Schillers: er werde „drei neue (also ungedruckte) Gedichte" mit aufnehmen, zeigen, daß die von Körner aufgezählten Gedichte lauter gedruckte sind. Und allerdings sind sechzehn unter diesen siebzehn Gedichten gedruckt und, noch mehr, von Körner genau nach den Quellen aufgezählt, in denen sie gedruckt stehen: die Künstler und die „Götter Griechenlands" sind aus Wielands „Teutschem Merkur;" die „Freude," „Resignation," „Freigeisterei der Leidenschaft" aus der „Thalia;" die folgenden aber, mit Ausnahme von „Brutus und Cäsar," welche in den „Räubern," und „der gelehrten (lies: berühmten) Frau," welche in der „Pandora" (1789) stehen, sind der Anthologie entnommen. Sechzehn von diesen siebenzehn Gedichten sind also nachweislich gedruckt. Und das siebenzehnte: „an deinem Geburtstag?" Man beachte wohl, daß dieses Gedicht von Körner unmittelbar nach den in der „Thalia" befindlichen aufgezählt wird, daß hinter demselben die Reihe der aus der Anthologie aufgezählten anfängt, und erinnere sich dabei, daß das Gedicht „im Oktober" das letzte der in der „Thalia" gedruckten Schiller'schen Gedichte ist, sowie hier im Körner'schen Brief das Gedicht „an deinem Geburtstag" die Reihe der Thalia-Gedichte schließt, und es springt alsbald mit zwingender Gewißheit in die Augen, daß letzteres Gedicht und das Gedicht „im Oktober" identisch sind; davon ganz abgesehen, daß sich nirgends ein Schiller'sches Gedicht „an deinem Geburtstag" nachweisen läßt. Bedenkt man, daß Schiller seinen Freund Körner im August 1789 in Leipzig besuchte, ihm die Schwestern v. Lengefeld vorstellte und ihn über sein Verhältniß zu Lotte unterrichtete (Palleske, Leben Schillers II. S. 115), so darf man wohl auch annehmen, daß Schiller seinem Freund sowohl von dem Gedicht als auch von den Umständen, unter denen es entstanden, Mittheilung machte, und nun wird es auch klar, wie Körner jenes Gedicht, als es nach einem Jahr in der „Thalia" erschien, alsbald wieder erkannte und dem Dichter über die heitere Stimmung, in der es entstanden, nochmals seine Freude bezeigte. Daß Körner in seiner Aufzählung der von ihm empfohlenen Gedichte unser Gedicht nicht bei dem Titel, unter dem es in der „Thalia" erschienen war, nennt, mag wohl darin seinen Grund haben, daß er, wie bei den Gedichten aus der Anthologie, aus dem Gedächtniß citirte und ihm bei dem fraglichen Gedicht nur die

Veranlassung zu demselben vorschwebte. Die von Schiller beabsichtigte Gedichtsammlung kam indeß nicht zu Stande, da die Reise des Dichters nach Schwaben dazwischenkam und nach seiner Rückkehr die Gründung und Herausgabe der „Horen" seine volle Thätigkeit in Anspruch nahm. Nur einmal in einem Brief vom 9. August 1793 fragt Körner: „Wie steht es mit der Ausgabe Deiner Gedichte?" ohne daß sich jedoch in den nachfolgenden Briefen Schillers eine Antwort hierauf fände. Fragt man noch, warum Schiller bei der im Jahr 1801 veranstalteten Sammlung seiner Gedichte das ihm von Körner empfohlene „an deinem Geburtstag" nicht aufnahm, so läßt sich die Ausschließung leicht aus der dem Dichter eigenthümlichen Strenge gegen seine Gelegenheitsgedichte erklären — um so mehr bei einem Gedicht, das, wie das vorliegende, fast ausschließlich die eigene Individualität im Verhältniß zur großen, leben- und gabenspendenden „Göttin" Natur zum Gegenstand hat. Ueberdieß hat Schiller auch noch andere, ihm von Körner an der citirten Stelle empfohlene Gedichte aus seiner Sammlung ausgeschlossen. Er schreibt am 3. September 1800 an Körner (Briefe IV. S. 191): „Hier erhältst Du meine Gedichte. Du wirst manche vergeblich darin suchen, theils weil sie ganz wegbleiben, theils auch, weil es mir an Stimmung fehlte, ihnen nachzuhelfen."

Nachdem so die Untersuchung des Herrn Prof. Dr. Wölffel und meine eigene Forschung eine merkwürdige Uebereinstimmung in den Resultaten ergeben hatte, glaubte ich diese Frage noch einer wissenschaftlichen Autorität zur Begutachtung vorlegen zu müssen, und wandte mich deßhalb an Herrn Dr. Rudolf v. Raumer, Prof. der deutschen Literatur in Erlangen, von dessen Scharfsinn und unbestechlichem Urtheil ich entweder Bestätigung oder Verwerfung dieser neugewonnenen Ansicht erlangen wollte. Herr Prof. v. Raumer schrieb mir unter dem 8. Juni dieses Jahrs einen ausführlichen Brief, aus welchem ich nur das für unsern Zweck Wichtigere hier mittheilen will. Die Hauptstellen lauten nämlich wörtlich also: „Das Gedicht „Im Oktober 1788" ist positiv von Schiller. Herr Prof. Wölffel sagt in seinem Vortrag: ‚‚Frau v. Wolzogen kann sich wohl nach einer Zwischenzeit von mehr als

10 Jahren in ihrer Erinnerung getäuscht haben,"" daß nämlich das Gedicht, von dem „Schiller und Lotte," S. 101 ff. die Rede ist, die „Künstler" gewesen seien. Ich glaube, man kann mit völliger Bestimmtheit sagen: Frau v. Wolzogen hat sich getäuscht. Es handelt sich um ein Gedicht, das Schiller zu seiner Erinnerung den Schwestern schriftlich zurückläßt. Nun schreibt aber Lotte Ende December 1788 (Schiller und Lotte S. 201): „„Was macht der Künstler? — — Es war ein lieber Abend, als Sie ihn uns lasen."" Kein Wort, daß Schiller ihn zurückgelassen. Und unter dem 25. März 1789 (S. 281) schreibt Lotte: „Sonnabend hat Beulwitz den Merkur von Goethe erhalten, und ich habe die Künstler mir abgeschrieben u. s. w."" Wiederum kein Wort, daß die Schwestern schon einen Theil des Gedichts in Schillers Handschrift besitzen. Dies zur Unterstützung Ihres neuen schönen Fundes, daß unser Oktobergedicht eben das Gedicht sei, welches Körner (Briefwechsel III. 104) mit „An deinem Geburtstag" bezeichnet. Sollte sich nicht auch irgend eine Spur des Gedichtes, eine bewußte Anspielung oder eine unbewußte Reminiscenz in den Briefen des Schiller'schen Kreises finden? Bei der schönen Natürlichkeit, die in diesen Briefen herrscht und in ihrer lebendigen Unmittelbarkeit selten in Reminiscenzen spricht, wird man kaum etwas Derartiges erwarten dürfen. Dennoch findet sich ein unwillkürlicher Ausdruck in einem Brief Carolinens, dessen unbewußter Zusammenhang mit dem Oktobergedicht mir unbestreitbar scheint. Carolinens Geburtstag am 3. Februar 1789 ruft beiden Schwestern den 10. November 1788 in lebendige Erinnerung (Schiller und Lotte S. 227 und 229), und gerade in dem Brief, den Caroline in dieser Stimmung am 4. Februar 1789 an Schiller schreibt, finden sich die Worte: „„der hohe grenzenlose Aether umfließt die Erde so rein und klar"" (S. 232). Vergleicht man diesen Ausdruck mit der zweiten Zeile des Oktobergedichts „„Daß mich dein Aether umfließt,"" so wird man unter den gegebenen Umständen an einer unbewußten Einwirkung des Oktobergedichts auf Carolinens Ausdruck nicht zweifeln. Das Gedicht ist also nach alle diesem unbestreitbar ein Erzeugniß Schillers. Wie so ganz dasselbe seiner Ueberschrift „Am

Oktober 1788" entspricht, darüber lassen Sie mich jetzt nicht viel Worte verlieren. Jeder, der die köstliche Gabe, die uns in „Schiller und Lotte 1788, 1789" geboten worden ist, kennt, wird sich durch unser Oktobergedicht in die mild heitere und doch großartig ernste Stimmung versetzt fühlen, die eben in jenem Herbst 1788 Schillers Brust erfüllte."

Zu den bekannten, von Schiller selbst in Versen verfaßten Auflösungen seiner Räthsel, von denen Hoffmeister sich drei (die Farben, der Schatten an der Sonnenuhr und die chinesische Mauer) im Jahr 1840 auf umständlichem Wege verschafft hat, während sie bereits im Taschenbuch für Damen, Jahrgang 1806, S. 61—63, abgedruckt sind, ist es mir gelungen, eine neue, bisher gänzlich unbekannte aufzufinden. Sie ist im Hamburger Manuskript der „Turandot" enthalten und gehört zu dem mit Nr. 8 in der Ausgabe der Gedichte bezeichneten Räthsel; und da dieses letztere im Hamburger Manuskript selbst einige erhebliche Abänderungen bietet, so theile ich es vorerst nach der in diesem befindlichen Version mit. Es lautet:

Unter allen Schlangen ist Eine,
Auf Erden nicht gezeugt,
Mit der an Schnelle keine,
An Wuth sich keine vergleicht!
Sie stürzt mit furchtbarer Stimme
Auf ihren Raub sich los,
Verzehrt in Einem Grimme
Den Reiter und sein Roß;
Sie liebt die höchsten Spitzen,
Nicht Schloß, nicht Riegel kann
Vor ihrem Anfall schützen,
Der Harnisch lockt sie an.
Sie bricht wie dünne Halmen
Den stärksten Baum entzwei,
Sie kann das Erz zermalmen,
Wie fest und dicht es sey;

Doch dieses Ungeheuer
Hat zweimal nie gedroht,
Es verbrennt in eignem Feuer,
Wie's tödtet, ist es todt!

Die Auflösung dazu ist folgende:

Diese Schlange, der an Schnelle keine gleicht,
Die aus der Höhe schießt, die stärksten Eichen
Wie dünnes Rohr zerbricht, durch Schloß und Riegel dringt,
Vor der kein Harnisch kann beschützen,
Die sich in eignem Feuer selbst verzehrt,
— Es ist der Blitz, der aus der Wolke fährt.

Wie in meinem „Sendschreiben" kann ich auch in dieser Broschüre die Entstehungszeit eines Stammbuchblattes genau angeben. Ich theile auch den Text mit allen Eigenthümlichkeiten des Originals mit und freue mich, im letzten Verse die Verbesserung des um die Erklärung der Schiller'schen Gedichte hochverdienten Herrn Rettor Viehoff bestätigt zu sehen, welcher auch der durch Scharfsinn und Gelehrsamkeit gleich ausgezeichnete Herr Adolf Regnier in der französischen Uebersetzung der Schiller'schen Gedichte (Paris, 1859) gefolgt ist.

Holder Knabe, Dich liebt das Glück, denn es gab' Dir der Güter
Erstes, köstlichstes — Dich rühmend des Vaters zu freun.
Jetzo kennest Du nur des Freundes liebende Seele,
Wenn Du zum Manne gereist, wirst Du die Worte verstehn.
Dann erst kehrst Du zurück mit neuer Liebe Gefühlen
An des Trefflichen Brust, der Dir jetzt Vater nur ist.
Laß ihn leben in Dir, wie er lebt in den ewigen Werken,
Die er der Einzige, uns blühend unsterblich erschuf.
Und das herzliche Band der Wechselneigung und Treue,
Das die Väter verknüpft, binde die Söhne noch fort.

Weimar 17 Dec. 1800.

F. Schiller.

In den bisherigen Drucken (seit 1825) hatte nämlich der Schlußpentameter folgenden Wortlaut:

„Das die Söhne verknüpft, binde die Väter noch fort,"
und Herr Dr. Viehoff hatte richtig vermuthet, der Vers müsse so
heißen, wie er oben mitgetheilt ist.

Die genaue Abschrift dieses Stammbuchblattes haben wir der
großen Gefälligkeit des Herrn Hofcavaliers Sr. K. H. des Groß=
herzogs von Weimar, Walther Wolfgang v. Goethe, zu verdanken.
Auch hier sehen wir übrigens, auf welch unsicherm Feld eine Beurtheilung sich befindet, die der positiven Anhaltspunkte entbehrt
und sich bloß auf die „inneren Gründe" angewiesen sieht. Ueber
die Entstehungszeit dieser Stammbuchverse differirten die auf plau=
sible Gründe gestützten Ansichten zweier der bedeutendsten Kenner
der Schiller'schen Literatur so sehr, daß sie der Eine in das Jahr
1795, der Andere ins Jahr 1804 setzte.

Ehe ich von den Gedichten scheide, möchte ich Freunden der
Literatur, namentlich aus dem edlen Stamme der Schwaben, und
darunter vor allen solchen, von denen Familienangehörige einst
Mitglieder der Karlsschule waren, eine eindringliche Bitte ans
Herz legen. Einzelne Gedichte Schillers, die während seines Aufent-
halts in Stuttgart entstanden, und zwar Gedichte bei Todesfällen
ihm nahestehender Personen, erschienen als Einzeldrucke. Von der
„Elegie" auf den Tod seines Freundes J. Chr. Weckherlin sind uns
Exemplare erhalten; von andern, wie z. B. auf den Tod Riegers
ist dies nicht der Fall; doch hat das Taschenbuch für Damen das
Gedicht selbst durch den Abdruck vor der Vergessenheit bewahrt.
Aber von einem dritten Gedicht ist uns alle und jede Spur ab-
handen gekommen. Wir erhalten von dessen Vorhandensein einzig
durch folgende Stelle aus einem Brief Schillers an seinen Vater,
d. d. Jena 1. Febr. 1790 (Boas, Nachträge, II. Bd. S. 454) Nachricht: „Schon längst wollte ich Sie bitten, Vater, die kleinen
Sachen, die während meines Aufenthalts in Stuttgart von mir
gedruckt worden sind, zusammensuchen zu lassen und hieherzuschicken,
auch was Sie noch extra in Manuskript von mir hätten oder
aufzubringen wüßten. Unter den gedruckten Sachen, wovon ich alle
Carmina, die ich machte, z. B. das über Wiltmeister, über
Rieger, über Weckherlin und andere mehr .... diese

Dinge interessiren mich jetzt und ich brauche sie als Belege zur Geschichte meines Geistes. Haben Sie ja die Güte und suchen Sie mir solche zu bekommen." Es ist hier in bestimmtester Weise von einem „Carmen auf Wiltmeister"¹ die Rede; aber es ist nicht gelungen, sonst irgend etwas zur Aufklärung über dieses Gedicht beizubringen. Der alte Herr auf der Solitude war in seinen Nachforschungen, um dem Wunsch seines Sohnes zu willfahren, nicht einmal so glücklich, als wir es sind — die wir von dem Gedicht auf Wedherlin den Einzeldruck besitzen — es gelang ihm nicht einmal, auch nur eine der bezeichneten Poesien anzutreiben. Er schrieb unterm 6. März 1790 (Schillers Beziehungen zu Eltern, Geschwistern 2c. Stuttgart 1859. S. 78): „Was die verlangten kleinen Schriften betrifft, so habe ich mir zwar Mühe gegeben, ein oder das andere anzutreiben, aber nur beiliegende Abhandlung bekommen können." Wenn Schiller durch seine Nachforschung nach diesen Gedichten, die er vielleicht in einer Geschichte der Entwicklung seines Geistes als Belege benützen wollte, sein Interesse an diesen Erzeugnissen seiner jugendlichen Muse kundgibt, so ist es noch weit mehr gerechtfertigt, daß die Literarhistoriker, speciell jene, die sich mit den Poesien Schillers beschäftigen, sich um die Auffindung jener verschollenen Gedichte bemühen. Und wenn es auch dem Vater des Dichters nicht vergönnt war, auch nur Eines der gesuchten zu finden,

---

¹ Boas in „Schillers Jugendjahre," Bd. 2, S. 242, glaubt, weil sich in den Listen der Akademie und Karlsschule, sowie in den herzoglichen Dienstbüchern aus jener Zeit kein Beamter Namens Wiltmeister finde, es sei vielleicht der herzogliche Wiltmeister Georg Friedrich Heller in Stuttgart gewesen, und Schiller habe in dem Brief an seinen Vater, weil ihm der Name des Besungenen entfallen war, dessen amtlichen Charakter substituirt. Dem steht aber, abgesehen davon, daß der Ausdruck „über Wiltmeister," falls dieses Wort ein Gattungsname sein Eigenname wäre, dem Sprachgebrauch zuwiderliefe, auch noch die bestimmte Thatsache entgegen, daß ich schon früher als Boas Nachforschungen über Wiltmeister angestellt und bei dieser Gelegenheit in den Akten der Karlsakademie einen leeren Bogen gefunden habe, der als Umschlag gedient hatte und die Ueberschrift führt: „Hauptmann L. von Wildmeister." Aus diesem Dokument, das mir als Geschenk überlassen wurde, das ich aber, weil es jetzt von Werth geworden, wieder der Archivdirektion zugestellt habe, ergibt sich, daß allerdings ein Beamter, wahrscheinlich ein militärischer Aufseher, dieses Namens in der Karlsakademie existirte.

so dürfen wir doch niemals die Hoffnung aufgeben, in den Besitz jenes „Carmens über Wiltmeister" zu gelangen, und zu diesem Behuf erlaube ich mir die im Eingang dieses Abschnitts bezeichneten Landsleute unseres Dichters darauf aufmerksam zu machen, welch großer Dienst der Schillerliteratur erwiesen würde, wenn ein solches Carmen sich nach fast achtzigjähriger Verborgenheit in dem Schranke eines Familienarchivs vorfände.

Die Mittheilung einiger anderer noch ungedruckter Schiller'scher Gelegenheitsgedichte muß einer späteren Zeit und einem andern Anlaß vorbehalten bleiben, und ich will mich jetzt zur Textkritik der Jugenddramen wenden. Ich werde hiebei den kritischen Werth der Ausgaben feststellen und Rechenschaft von den mir zu Gebot stehenden Hilfsmitteln geben, auch die Erklärung mehrerer schwieriger Stellen nicht unberücksichtigt lassen, mein Hauptaugenmerk aber auf die Kritik des Textes richten. Es versteht sich wohl von selbst, daß hier nur eine Auswahl der Lesarten gegeben werden kann und die vollständige Mittheilung derselben der großen Ausgabe aufbehalten bleiben muß.

Räuber.

Schauspiel.

Es kann hier nicht meine Absicht sein, eine genaue bibliographische Beschreibung der verschiedenen Ausgaben zu geben. Ich will an dieser Stelle nur bemerken, daß die Titel- und Schlußvignette der 1. Ausgabe von 1781 (N. sculp. Aug. V.) von Johann Esaias Nielson ist; eine Notiz, die ich Herrn Professor Dr. A. Haakh in Stuttgart verdanke. Nielson, geboren 1721, war Maler, Zeichner und Kupferstecher, und starb 1788 als Direktor der kaiserlichen franciscischen Malerakademie zu Augsburg.[1]

[1] Daß Schiller und seine Freunde mit den gelehrten und künstlerischen Kreisen in Augsburg in Verbindung standen, beweiset die Anzeige der ersten Ausgabe der Räuber, welche im folgenden Buch: Zustand der Wissenschaften und Künste

Ueber die drei angeblich verschiedenen Ausgaben der zweiten Auflage (Frankfurt und Leipzig, bei Job. Löffler, 1782) bemerke ich, daß dieselben auf zwei zurückzuführen sind: die Ausgabe mit dem nach rechts aufsteigenden Löwen und die ohne Löwen sind ein und derselbe Druck. Das Bild mit dem Löwen ist durch eine Kupferplatte hervorgebracht, und da Typendruck und Kupferdruck nicht zu gleicher Zeit bewerkstelligt werden können, der letztere vielmehr nur nach dem erstern hergestellt werden kann, so muß man annehmen, daß bei einer Anzahl von Exemplaren die Beifügung des Abdrucks der Kupferplatte durch Zufall unterlassen wurde. Zu erwähnen ist noch, daß die Anzahl der Exemplare ohne Löwen äußerst gering ist. Ob diese Ausgabe oder die mit dem nach links aufsteigenden Löwen die rechtmäßige ist, hat sich bis zur Stunde nicht bestimmen lassen, und es sind darüber nur Vermuthungen aufgestellt worden. Für die Textkritik ist diese Frage vollkommen gleichgiltig; beide Ausgaben stimmen durchweg, selbst in den auf-

---

in Schwaben, Augsburg, Stage, 1781, 2. Stück, S. 467, 468 sich findet, und, wie aus der ganzen Fassung hervorgeht, dem Schiller'schen Freundeskreis entstammt. Wir lassen den vollständigen Text derselben hier folgen, weil wir hier die erste, sehr merkwürdige Anzeige der Räuber kennen lernen.

„Frankfurt und Leipzig. Ist allemal der Druckert, wenn man den wahren nicht sagen will. Also in Frankfurt und Leipzig kam heraus: die Räuber, ein Schauspiel. in 8. 1781. hat ohne die Vorrede 222 S. und ein paar artige Kupfer. Ein Phänomen, das im Entstehen schon Aufsehen gemacht hat, und noch viel größeres machen wird, — — wenn vollends — —

Da tritt ein junger Mann auf, der mit dem ersten Schritte schon Caravanen — von Theaterschriftstellern hinter sich schleudert — Wenn der nicht epoque macht für unsere Nationalbühnen! Nun was ists denn? Weiter? — Inuhalt? — Genug, wenn ich zum erstenmal sage; daß sich die besten Kenner in diesem Fache zanken, wers nun verlegen, wers zuerst aufführen soll, wenn es erst eigentlich zum Aufführen fürs Theater umgearbeitet ist, das ursprünglich die Absicht nicht war. Und das ist wirklich die Beschäftigung des Verfassers. Also bis dahin versparen wir auch die umständliche Anzeige und Beurtheilung von einem neuen Produkte des teutschen Witzes, an dem nächstens viele Kleinmeister, wie Zwergen, hinaufgaffen werden."

Herr H. Simen in Breslau, dem das Verdienst gebührt, auf diese Anzeige zuerst aufmerksam gemacht zu haben, meint, sie sei wahrscheinlich von Schiller selbst.

fallendsten Druckversehen, überein. So heißt es z. B. Seite 177 dieser Ausgaben gleichlautend: „Schweizers Gefährten treten auf im stummen Trauerzug, mit gesenkten Häuptern und Gesichtern," statt: „... und verhüllten Gesichtern." Ebenso Seite 204: „Kann denn ein großer Sünder noch umkehren, das hätt' ich längst wissen können;" der eigentliche Text heißt: „Kann denn ein großer Sünder noch umkehren? Ein großer Sünder kann nimmermehr umkehren, das hätt' ich längst wissen können." In dieser Ausgabe hat Schiller Manches geändert, namentlich einige Stellen der früheren gestrichen, von da an aber überhaupt keine Hand mehr an dieses Drama gelegt. Die dritte Ausgabe (1799) ist ein bloßer Abdruck der eben besprochenen, mit einer Vorrede des Verlegers, worin er besonders den „reinen und vorzüglich korrekten Druck" dieser seiner Ausgabe rühmt, welcher der zweiten Auflage gänzlich mangle. Hiegegen will ich nur bemerken, daß die oben angeführten gewiß argen Druckversehen gewissenhaft beibehalten und noch manche neue hinzugekommen sind. Diese Ausgabe hat also für die Textkritik ebensowenig Werth, als die nächste unveränderte vom Jahr 1804. Das „Theater" gibt einen im Ganzen unveränderten Abdruck der ersten Ausgabe von 1781; indeß hat der Korrektor Aenderungen in der Orthographie und Verwandlungen mancher schon damals veralteter Formen vorgenommen. Außerdem ist der Text im Theater mit geringen Ausnahmen sehr gut,[1] und es sind auch die wenigen sinnstörenden Druckfehler der ersten Ausgabe gehoben. Aus manchen sprachlichen Aenderungen läßt sich schließen, daß der Korrektor kein Schwabe war. Schiller selbst hat sich, wie schon bemerkt, wie überhaupt seit 1782, so auch an dieser Ausgabe der Räuber im Theater nicht betheiligt, ebensowenig als an einer an geblich „Neuen verbesserten Auflage," die unter dem Titel: „Die Räuber, ein Schauspiel von Schiller. Tübingen. J. G. Cotta'sche

---

[1] Nur einige wenige Fehler haben sich in diese Ausgabe eingeschlichen und in den folgenden fortgepflanzt. Z. B. Aufzug II, Auftritt 3: „er hatte sich aus dem Pöbelstaub zu einem ersten Günstling emporgeschwärzelt" statt: „seinem ersten Günstling" u. s. w. oder Aufzug III. Auftritt 2, Schluß: „sie weint, sie weint, sie vertrauert ihr Leben," wo die Wiederholung „sie weint," wegfallen muß.

Buchhandlung" im Jahr 1805 erschien — diese Ausgabe ist weiter nichts als ein Separatabdruck aus der Theaterausgabe mit einem umgeänderten Titel.

Bei dieser Texteskonstitution blieb es dann bis auf Körner, der in der Ausgabe der Werke (1812—1815) in unserem Drama nicht wenige Stellen strich und sehr viele, ihm anstößige Ausdrücke änderte; so z. B. „Luderleben" in „Lasterleben," „Hundsvötter" in „elende Kerl," „Arsch" in „Steiß" u. a. m., und sich so recht gewissenhaft an Goethe's Vorschrift hielt:

„Mußt all die garstigen Wörter lindern,
Aus Scheißkerl Schurf, aus Arsch mach Hintern."

Die Zeit einer solchen Textredaktion, die Regis in seinem handschriftlichen Nachlaß aufs heftigste tadelt, ist vorüber, und es ist in der neuesten Ausgabe der Werke (1860) der ursprüngliche Text der ersten Ausgabe vollständig gegeben, der, von den Aenderungen und Ausscheidungen Körners abgesehen, indeß weit weniger gelitten hat, als der der beiden nächstfolgenden Jugenddramen.

Ich will deßhalb, statt der kritischen Bemerkungen zu diesem Drama, die ohnedieß in nicht zu ferner Zeit veröffentlicht werden, hier mehrere Stellen besprechen, deren Erklärung selbst für einen Forscher wie Regis nicht ohne Schwierigkeit war. Dabei muß ich dankbar anerkennen, daß auch mir ohne die Hilfe schwäbischer Gelehrter, wie der Herren v. Keller und Uhland in Tübingen und Professor Dr. Veesenmeyer in Ulm die Lösung nicht möglich gewesen wäre.

Aufzug I., Auftritt I. Franz: „Tröste dich, Alter! Du wirst ihn nimmer u. s. w. Warum mußte sie mir diese Bürde von Häßlichkeit aufladen? gerade mir? Nicht anders, als ob sie bei meiner Geburt einen Rest gesetzt hätte?" Regis vermutet, wie es wohl allen Nichtschwaben gehen wird, der Ausdruck „Rest setzen" bedeute: eine Grundsuppe, einen Bodensatz niederschlagen. Allein in Schwaben sagt man von einem ungetreuen oder fahrlässigen Kassenbeamten, der weniger in der Kasse hat, als er haben sollte, „er hat einen Rest gesetzt." Dieser Ausdruck ist selbst in die gerichtliche Sprache Württembergs übergegangen, wie aus dortigen, gegen Kassenbeamte wegen „Restsetzung" geführten Schwurgerichtsverhandlungen ersichtlich ist. „Rest setzen" ist an unserer Stelle gleich: Bankerott machen.

Aufzug I., Auftritt 2. Spiegelberg: „Pfui, du wirst doch nicht gar den verlornen Sohn spielen wollen? Ein Kerl wie du, der mit dem Degen mehr auf die Gesichter gekritzelt hat, als drei Substituten in einem Schaltjahr in's Befehlbuch schreiben!" Regis meint, dies sei eine Anspielung auf irgend eine Lehrerklasse der ehemaligen Karlsakademie, unter deren Druck Schiller, als er die Räuber schrieb, geseufzt habe. „Substituten" sind jedoch die ersten Schreiber der früher sogenannten „Stadtschreiber," gewaltiger Herren in der altwürttembergischen Bureaukratie, von denen Ottilie Wildermuth (Bilder aus dem schwäbischen Leben. Stuttgart 1852. S. 150 ff.) eine vortreffliche Schilderung gibt. „Befehlbuch" ist das Buch, in welches alle Erlasse der Regierung oder des Amts eingetragen wurden.

In derselben Rede Spiegelbergs: „Wir Bursche, flugs heraus, zu siebzehnhundert, und du an der Spitze, und Metzger und Schneider und Krämer hinterher, und Wirth und Barbierer und alle Zünfte, und fluchen, Sturm zu laufen wider die Stadt." Fluchen, wie Regis bemerkt, hier: in der Bedeutung für „schwören," ebenso Aufzug IV., Auftritt 5: Schweizer: „Ich habe damals bei meiner Seele geflucht." Vergl. auch in Hebels allemannischen Gedichten (der Statthalter von Schopfheim): „'S isch gflucht, der Ubli muß sterbe!"

Ebendaselbst. Spiegelberg: „Nein! nein! nein! das kann nicht sein u. s. w. Da hatt' ich neben meinem Haus einen Graben, der, wie wenig, seine acht Schuh breit war." „Wie wenig," d. h. wenn ich es gering anschlage, also: wenigstens; eine nach Herrn v. Kellers Bemerkung jetzt selten werdende schwäbische Redeweise. — An derselben Stelle: „Ein andermal mach' ich's ihm auch wieder so, und werf' ihn mit einem Stein so derb an die Ripp', daß er vor Wuth von der Kette reißt und auf mich dar, und ich, wie alle Donnerwetter, reiß aus und davon." „Dar" ist nicht aus „daher" zusammengezogen, sondern wird im Schwäbischen noch in derselben Bedeutung gebraucht, wie es früher im Hochdeutschen meist bei Zeitwörtern vorkam, die eine Bewegung ausdrücken. (Vergl. Grimm, Wörterbuch I, S. 750.)

Aufzug II, Auftritt 1. Franz: „Er sagte: man raune sich einander ins Ohr, du seiest zwischen dem Rindfleisch und Meerrettig gemacht worden" u. s. w. Regis schreibt hierüber: „Ich vermuthe, dies schwäbische Sprichwort bezeichnet solche Bastarde aus höheren Familien, deren Mütter sich einem Knechte (dessen Kost Rindfleisch und Meerrettig ist) preisgegeben haben — also soviel als: in der Gesindestube." Die Ansichten schwäbischer Sprachforscher über diese Redensart sind getheilt. Nach den Einen bezieht sie sich auf den Gebrauch des Meerrettigs bei Hochzeitessen, wo er in Milch gekocht in großen Schüsseln aufgestellt wird, und es hätte diese Stelle demnach den Sinn: während des Hochzeitessens, zwischen hinein, heimlich durch Untreue der Braut. Nach Andern besagt die Redensart im Allgemeinen: in der Eile, so zwischen hinein. So führt z. B. einer meiner schwäbischen Freunde die ähnliche Redensart eines seiner Lehrer an, der von einem mißlungenen Gedicht zu sagen pflegte: „Solch ein Gedicht macht man zwischen Suppe und Rindfleisch."

Ebendaselbst. Hermann: „Ich ruhe nicht, bis ich ihn und ihn unterm Boden hab." Regis: Nämlich Karl Moor und den alten Moor.

Ebendaselbst. Hermann: „Nein, so wahr ich Hermann heiße, das sollt ihr nicht! wenn noch ein Fünkchen Verstand in diesem Gehirne glostet, das sollt ihr nicht!" „Glosten," ohne Flamme brennen, glimmen; vergl. Schmid, schwäb. Wörterb. S. 234.

Aufzug II, Auftritt 3. Spiegelberg: „Das bin ich, wie du siehst, an Leib und Seel u. s. w. Alle Teufel! ich hatte schon den Ellbogen angesetzt, ihr die übrig gebliebenen wenigen edlen vollends in den Mastdarm zu stoßen." Regis supplirt zu „wenigen edlen" das Substantiv: Zähne. Dann bedeute, meint er, in der cynischen Sprache des Räubers der „Mastdarm" soviel als Kehle, Schlund, Hals. Die Ansicht, daß unter den „wenigen edlen" Zähne zu verstehen seien, theilen auch die meisten schwäbischen Sprachforscher, die ich darüber befragte; „in den Mastdarm" wäre nach ihnen nichts als eine Hyperbel: er stößt sie ihr so heftig ein, daß sie durch den ganzen Leib bis in den Mastdarm fahren. Einer meiner Freunde will sich übrigens bei dieser Erklärung nicht beruhigen, ohne indeß bis jetzt etwas Anderes dafür geben zu können. Er schreibt mir u. A.: „Die „wenigen edeln" liegen mir wie eine Crudität im Magen, und meine Medicin weiß kein eccoproticum, um sie durch das rectum wegzuschaffen."

Ebendaselbst. Spiegelberg: „Noch ein kürzerer besserer Weg ist der, du plünderst deinem Mann Haus und Hof ab, bis ihm kein Hemd mehr am Leibe hebt" u. s. w. „Hebt" ist nicht etwa, wie vermuthet wurde, ein fortgepflanzter Druckfehler, sondern schwäbischer Provinzialismus für „hält."

Ebendaselbst. Razmann: „Neulich erfuhren wir im Wirthshaus u. s. w. er saß eben am Tisch und brettelte." Bretteln ist gleich Bretspielen; hier ist nicht das Damenbret gemeint, sondern das Spiel mit 2 Würfeln und 30 Steinen, welches der „lange Puff" (trictrac) heißt.

Ebendaselbst. Schweizer: „Macht sich die Stadt eine Freude daraus u. s. w. Und nebenher hatten unsere Kerls noch das gefundene Fressen, über den alten Kaiser zu plündern." „Der alte Kaiser," d. h. ein Forum, von dem man nicht mehr zur Verantwortung gezogen werden kann, muß im Schwäbischen zu vielen Redensarten herhalten. Man sagt: auf den alten Kaiser hinein (d. h. auf Rechnung des alten Kaisers = unverantwortlich, ungeheuer) hausen, lügen, zechen, jagen u. dergl.; ebenso: über den alten Kaiser; z. B. „er schimpft mich über den alten Kaiser."

Ebendaselbst. Räuber: „Sieh dich vor, Hauptmann! u. s. w. Der höllische Blaustrumpf muß ihnen verträtscht haben." Es ist schon oft die Frage angeregt worden, wer unter dem „höllischen Blaustrumpf" zu verstehen sei. Auf eine Person im Drama kann es nicht bezogen werden, und es ist höchst wahrscheinlich, daß damit der Teufel gemeint ist. (Grimms Wörterbuch II, S. 85.) In ähnlichem Sinn, nur in edlerer Sprache als die Räuber, sagt Karl Moor in Aufzug V. Auftritt 2: „Brecht auf, ihr! Der Erzfeind hat mich verrathen!"

Aufzug IV, Auftritt 3. Daniel: „Ei pfui doch, pfui doch! u. s. w. Wie ich das Zettergeschrei höre draußen im Oehrn" u. s. w. Jeder Schwabe wird lächeln, daß außerhalb seines Vaterlandes auch gebildete Leute sich fragen, was „Oehrn" ist. Allein man bedenke, daß dies Wort in unsern bisherigen deutschen Wörterbüchern nicht zu finden war und daß man gewiß nicht von einem Gebildeten, der nicht zugleich Sprachforscher ist, eine genaue Kenntniß der verschiedenen Dialekte seines Vaterlandes fordern kann. „Oehrn" ist der Vorplatz, der Gang beim Eintritt in das Haus.

Aufzug IV, Auftritt 5. Schweizer: „Was wohl dieser Windkopf hier an der Kunkel hat?" Für: woran er spinnen, worüber er brüten mag; Regis. Im Schwäbischen kommt „Spinnen" überhaupt oft in der Bedeutung über etwas nachsinnen, melancholisch brüten vor; so wie sich andererseits die Redensart findet: „Er hat Werg an der Kunkel," d. h. er hat etwas vor (vergl. Schmid, schwäbisches Wörterbuch S. 623).

Ebendaselbst. Schweizer: „Da, Bestie! Eben recht erinnerst du mich u. s. w. Warst du nicht die Memme, die anhub zu schnadern, als sie riefen, der Feind kommt!" Man vergl. oben Aufzug II, Auftritt 3: Spiegelberg: „Oh! warum bin ich nicht geblieben in Jerusalem," und die Antwort, die eben Schweizer dort ihm hierauf gab. „Schnadern" (richtiger: schnattern) steht hier in der Bedeutung für: vor Furcht mit den Zähnen klappern. Regis.

Ebendaselbst. Moor: „Wer mir Bürge wäre? u. s. w. Euer banges Sterbegewinsel ... sind ja nur Glieder einer unzerbrechlichen Kette des Schicksals und hängen zuletzt an meinen Feierabenden, an den Launen meiner Ammen und Hofmeister, am Temperament meines Vaters, am Blut meiner Mutter!" Regis versteht unter den Worten „an meinen Feierabenden": an den Grillen, Einfällen meiner müßigen Stunden.

Aufzug V. Auftritt 1. Daniel: „Gnädiger Herr, jagt ein Trupp feuriger Reiter die Steig herab" u. s. w. Der Schwabe unterscheidet in Aussprache und Genus „die Steig" (Staig), eine steile Fahrstraße, und „der Steig" (Steig) steiler Fußpfad.

Wenn ich im Vorliegenden richtige Erläuterungen von Regis zur allgemeinen Kenntniß gebracht, verfehlte durch Erklärungen kompetenter Sprachkundiger berichtigt habe, so glaube ich den Bedürfnissen der meisten Leser um so mehr entgegengekommen zu sein, als mit der fortschreitenden Entwicklung des Schriftdeutschen und dem allmählichen Zurücktreten und Verschwinden dialektischer Eigenthümlichkeiten die Erklärung der vorzugsweise in dem besprochenen Drama unseres Dichters vorkommenden Provinzialismen immer schwieriger werden dürfte.

Die Räuber.

Trauerspiel.

Das Trauerspiel „die Räuber," d. h. die von Schiller für die Bühne umgeänderte Bearbeitung derselben[1] wurde zum erstenmal gedruckt im Jahr 1782 (Mannheim, Schwan) und erschien bis zum Jahr 1804 in vielen Ausgaben, an denen sich jedoch Schiller nicht mehr betheiligte, wie mich schon im Jahr 1845 eine Vergleichung der ersten Ausgabe mit den späteren überzeugte. Die Veränderungen, die in diesen vorkommen, können unmöglich von Schiller herrühren.

Zur Feststellung des Textes unseres Drama's dienen neben der ersten Ausgabe auch die erste und zweite Ausgabe des Schauspiels, dann die Recension, welche Schiller im „Wirtembergischen Repertorium" (I. 134) mit der Unterschrift R....r veröffentlichte, endlich das Mannheimer Manuskript (M. Ms.), welches allerdings

---

[1] Es wäre sehr zu wünschen, daß in den bibliographischen Werken bei Aufzählung der verschiedenen Ausgaben der „Räuber" die Literaturausgaben (Schauspiel) und die Bühnenausgaben (Trauerspiel) getrennt aufgeführt würden.

von dem gedruckten Text mannigfach abweicht. Es führt den Titel: "Die Räuber. Ein Trauerspiel in 7 Handlungen, für die Mannheimer Nationalbühne vom Verfasser Herrn Schiller bearbeitet 1781." Ich habe dieses Manuskript im Sommer 1846 verglichen und abgeschrieben.

Ich will nun zur Kritik einiger Stellen übergehen.

Aufzug I, Auftritt 1: Franz. "Hm! Hm! — So ist es u. s. w. Ich will zu gelegener Zeit zu euch reden." Ebenso 2. Ausgabe des Schauspiels. Aber mit der 1. Ausgabe des Schauspiels ist zu lesen: "zu gelegenerer Zeit."

Aufzug I, Auftritt 4: Moor. "So mögen die Memmen und Schurken das Regiment führen u. s. w. Ich soll meine Lippen pressen in eine Schnürbrust und meinen Willen in Gesetze schnüren." Der Korrektor hat in einer spätern Auflage, dem Schauspiel folgend, "meine Lippen" in "meinen Leib" umgeändert, wie auch das M. Mj. liest; allein es ist nicht abzusehen, wie das erstere Wort aus dem letzteren hätte verdorben werden können. Es war eine einfachere Procedur nothwendig, um das Richtige zu finden, die Verwandlung des "L" in ein "R": "ich soll meine Rippen pressen in eine Schnürbrust." In gleicher Weise ist der Ausdruck "Rippen" für "Leib" gebraucht in Aufzug V, Auftritt 1: Franz. "Ich will dir das Herz aus den Rippen stampfen."

Aufzug II, Auftritt 1: Franz. "Der Arzt macht mir so lange u. s. w. O so komme du mir zu Hilfe Jammer und du Reue höllische Furie, grabende Schlange." Der Korrektor der Ausgabe von 1802 hat ganz willkürlich "grabende" in "nagende" verändert.

Aufzug III, Auftritt 2: Moor. "Hat dir dein Hofmeister die Geschichte des Robins in die Hände gespielt. — Man sollte dergleichen unvorsichtige Kanaillen auf die Galeere schmieden — die deine kindische Phantasie erhitzte, und dich mit der tollen Sucht zum großen Mann ansteckte?" So lautete diese Stelle bis zur Ausgabe von 1802. Der Korrektor dieser letztern änderte "erhitzten" und "ansteckten" und bezog also den Relativsatz auf "Kanaillen." Dieser Fehler findet sich sogar in dem M. Mj. S. 224—225.

Man muß hier der ersten Ausgabe des Schauspiels folgen und mit dieser den Punkt nach „gespielt" tilgen, wodurch der Satz „man — schmieden" zum Zwischensatz gemacht und „erhitzte" und „ansteckte" auf „die Geschichte Robins" bezogen wird. Diese richtige Lesart findet sich seit 1805 in den Ausgaben des Schauspiels.

Aufzug IV, Auftritt 12: Amalia. „Mein Herz so rein, eh meine Augen Sie sahen. — O daß sie verblindeten diese Augen, die mein Herz so verunreinet haben!" In den spätern Ausgaben heißt es: „mein Herz war so rein," während auch im Schauspiel die Copula fehlt, ebenso in der Autokritik (Wirt. Repert. I, S. 154). An der zuletzt angeführten Stelle ist auch der Ausdruck „verunreinet" von Schiller in „verkehrt" umgewandelt. Ueber derartige, vom Dichter vorgenommene Veränderungen darf man sich um so weniger wundern, als Schiller auch in andern Handschriften von einem und demselben Drama, deren Anfertigung nur wenig Monate auseinander liegt, an einzelnen Ausdrücken häufig Aenderungen vornahm.

Ebendaselbst: Amalia. „Hier wo du jetzt stehst u. s. w. Hier durchhüpfte sein Aug die um ihn prangende Natur; Er schien den großen belohnenden Blick zu empfinden, und sich unter dem Wohlgefallen ihres Fürsten zu verschönen." So lautet die Stelle in der ersten Ausgabe; in spätern suchte der Korrektor den Sinn herzustellen, indem er änderte: „und sie sich unter dem Wohlgefallen" u. s. w. Damit war indeß der Verkehrtheit nur halb abgeholfen. Die einzig richtige Hilfe war aus dem Schauspiel zu entnehmen und mit diesem zu lesen: „sie [die Natur] schien den großen belohnenden Blick zu empfinden und sich unter dem Wohlgefallen" u. s. w.

Aufzug IV. Auftritt 16: K. Moor. „Antwort will ich. Wofür das bübische Degenspiel?" Es ist merkwürdig, wie in dieser Stelle aus „bübische" „hübsche" entstehen konnte; ebenso wie eine Seite weiter in der Rede des alten Moor: „Ich bin begraben worden. Das heißt: Ein todter Hund liegt in meiner Väter Gruft," der „todte" Hund in einen „tollen" umgewandelt wurde. Eine noch weit sinnlosere Verunstaltung erfuhr die Stelle in

Aufzug V, Auftritt 5, wo Karl Moor, als sein Bruder Franz herbeigeführt wird, betet: „Höre die Andacht des Mordbrenners, Richter im Himmel! — **Mach ihn unsterblich!** — Raff ihn nicht weg beim ersten Streich" u. s. w. Hier wurde im letzten Satz die Stelle verballhornt in: „Mach mich unsterblich!"

Aufzug V, Auftritt 7: Amalia. „Ewig sein! Ewig! u. s. w. entlastet mich dieser tödtlichen Wollust, daß ich nicht unter dem Zentner vergehe!" Der Korrektor der spätern Ausgaben veränderte „Zentner" in Zentner-Gewicht, wahrscheinlich weil er glaubte, daß „Zentner" allein nicht den Begriff einer Last gebe. Allein eine ganz ähnliche Stelle findet sich im Schauspiel Aufzug III, Auftritt 1: „Hermann. Dieser Zentner muß von meiner Seele, ehe er sie zur Hölle drückt."

Aufzug V, letzter Auftritt: K. Moor. „Und auch ich bin ein guter Bürger u. s. w. Man hat hundert Dukaten geboten, wer den großen Räuber lebendig liefert." Im Mannheimer Manuskript steht „1000" (mit arabischen Zahlzeichen), und so wird es auch in dem dem Druck zu Grund gelegten Manuskript geheißen haben, wobei der Setzer die Zahl durch Worte auszudrücken hatte und dabei wohl eine Null übersah. Im Schauspiel steht bekanntlich ebenfalls „tausend." Ich nahm demnach keinen Anstand, diese richtige Aenderung, welche sich bereits in der Ausgabe von 1802 findet, auch in die neueste aufzunehmen.

Diese Beispiele, die sich noch weit über das Zehnfache vermehren ließen, zeigen zur Genüge, daß Schiller an den der ersten Ausgabe des Trauerspiels folgenden weitern Drucken in keiner Weise mehr betheiligt war, und daß der Text des Drama in dieser Bearbeitung, ohne genügende wissenschaftliche Kontrole und bloß den praktischen Bedürfnissen der deutschen Bühne überlassen, binnen wenigen Decennien so verwilderte, daß der ganze Acker von Unkraut überwuchert war.

Während der Dichter so nach dem Jahre 1782 nie mehr Hand an sein Erstlingswerk legte, trug er sich dennoch stets mit dem Gedanken, dasselbe zu überarbeiten, sowie einen zweiten Theil dazu zu schreiben, der die gewaltigen Dissonanzen des ersten auflösen sollte. Vergl. Briefe an Dalberg, S. 86 (24. August 1784): „Nach dem Karlos gebe ich an den zweiten Theil der Räuber, welcher eine völlige Apologie des Verfassers über den ersten Theil sein soll, und worin alle Immoralität in die erhabenste Moral sich auflösen muß." Und unter dem dritten Juli 1785 schreibt er an Körner (Briefwechsel I, S. 36): „... Dann bin ich viertens gesonnen, zu den Räubern einen Nachtrag in einem Akt: Räuber Moor's letztes Schicksal herauszugeben, wodurch das Stück neuerdings in Schwung kommen soll." Und aus den letzten Jahren des Lebens unseres Dichters, also nach beinahe 20 Jahren, erzählt uns Caroline v. Wolzogen (II, S. 237): „Einigemal gedachte er auch seines frühern Plans, einen zweiten Theil der Räuber zu geben." Interessant wird es für jedermann sein, zu hören, daß sich ein Fragment des Entwurfes zum zweiten Theil der Räuber erhalten hat, welches im Jahr 1856 von Freiherrn Georg v. Cotta erworben wurde. Es führt den Titel: „Die Braut in Trauer oder zweiter Theil der Räuber. Eine Tragödie in fünf Akten," und ist von Schillers eigener Hand geschrieben.

Fiesko.

Die erste Ausgabe des „Fiesko" (Mannheim, Schwan, 1783) ist die wichtigste, wiewohl sie bei weitem nicht so gut gedruckt ist, als die erste Ausgabe der „Räuber" oder die von „Kabale und Liebe." Ja, manche Fehler konnten erst jetzt mit Hilfe der Bühnenmanuskripte gehoben werden. An den folgenden Ausgaben dieses Trauerspiels nahm Schiller keinen Antheil. Die Revision des Textes für das „Theater" fiel in die Hände eines scharfsinnigen Mannes, der einige entschiedene Verbesserungen anbrachte, mehrere Male aber auch in allzu großer Spitzfindigkeit das Richtige verfehlte und den früheren Text ohne Noth änderte. Im Jahr 1806 erschien eine „Neue verbesserte Auflage" (Tübingen, J. G. Cotta), die aber weiter nichts ist als ein Separatabdruck aus dem Theater, nur daß im ersteren ein in das letztere eingefügter Carton fehlt, von dem weiter unten die Rede sein wird.

Ein von mir im Jahr 1848 in Leipzig erkauftes Exemplar der 1. Ausgabe, welches Schiller mit eigener Hand korrigirte, stammt aus einer Theaterbibliothek, und es ist deßhalb schwer zu bestimmen, in wie weit die durch Streichen im Text vorgenommenen Kürzungen von Schiller herrühren. Ich habe auf dieses Manuskript (das ich als erstes Leipziger Manuskript = 1. L. Mf. bezeichnen will) stets großen Werth gelegt, weil ich sah, daß die schwierigsten, bisher verdorbenen Stellen durch dasselbe ihre Heilung finden. Das von Körner benützte Leipziger Manuskript hat mir ein günstiges Geschick im August 1858 zugeführt; ich bezeichne es mit: 2. L. Mf. Durch den Umstand, daß Körner daraus nur den ersten Auftritt des V. Aufzugs mittheilte, der mit derselben Scene des Mannheimer Manuskripts fast ganz gleichlautend ist, mußte die irrthümliche Ansicht entstehen, die Leipziger Bearbeitung sei überhaupt mit der Mannheimer eine und dieselbe. Dem ist aber nicht so, wie eine Vergleichung alsbald ergibt. Während in der Mannheimer Bearbeitung Leonore am Leben bleibt und Fiesko, nachdem Verrina ein mißglücktes Attentat auf ihn gemacht hat, diesem verzeiht, das zerbrochene Scepter unter das Volk wirft und sich schließlich für Genuas glücklichen Bürger erklärt, wird in dem 2. Leipziger Manuskript, wie im gemeinen Text, Leonore aus Mißverständniß von Fiesko getödtet und dieser selbst von Verrina erstochen. Dagegen stimmt das Leipziger Manuskript darin mit dem Mannheimer überein, daß Bertha von Gianettino nicht vergewaltigt, sondern von ihm bloß geraubt wird und, bevor es zum Aeußersten kommt, sich retten kann. Ich lasse hier den Schluß des letzten Auftritts nach der Leipziger Bearbeitung folgen:

„Fiesko

Schweig und reize mich nicht mehr.

Verrina

(noch heftiger) Fiesko, lägen mir alle Kronen der Welt hier zum Preise, ich soll knien vor einem Sterblichen, ich werde nicht knien. Fiesko (indem er niederfällt) Es ist mein erster Kniefall, nimm diesen Purpur nicht.

Fiesko
Du wirst erstaunen, Verrina, wie groß er mich kleiden wird.
Verrina
(springt auf, zieht den Dolch und ermordet den Fiesko) Ja, auf der Bahre.
Kalkagno, Sacco, Edelleute, Volk (zugleich).
Mörder! Mörder! was hast du gethan?
Verrina
(tritt mit Heben vor das Volk). Es war mein Busenfreund und mein Bruder, mein Wohlthäter und der größte Mann seiner Zeit, aber das Vaterland war meine erste Pflicht (indem er den Dolch unter das Volk wirft). Fordert sein Blut von mir, Genueser, ich stelle mich als ein Mörder vor Euer Gericht. Mein Prozeß ist verloren auf dieser Erden, aber ich habe ihn gewonnen vor dem Allmächtigen. (Indem er eine Bewegung macht, dem Volk entgegenzugehen, fällt der Vorhang.)

Dieses 2. Leipziger Manuskript ist dasjenige, von welchem Schiller an Körner aus Gohlis 6. September 1785 (Briefwechsel I, 50 f.) schreibt: „Dieser Tage habe ich einen Sekretär im Hause, dem ich den Fiesko nach der Veränderung für das Theater diktire. Uebermorgen in 14 Tagen wird er hier (d. h. in Leipzig) gegeben, aber unmöglich kann ich ihn abwarten." Damit stimmt denn die Bemerkung überein, mit welcher Körner die erwähnte Einschaltung nach dem 7. Auftritt des V. Aufzugs von Fiesko einleitet: „Anstatt dieser Scene hat Schiller während seines Aufenthalts in Leipzig im Jahr 1785 folgende für das dortige Theater eingerückt." Ich bemerke nur noch, daß der nun folgende Auftritt aufs allergenaueste mit dem 2. Leipziger Manuskript übereinstimmt, während im Mannheimer Manuskript der Ausdruck vielfach ein anderer ist. Letzteres (Mannheimer Manuskript), welches Ende des Jahrs 1783 abgefaßt wurde (die erstmalige Aufführung erfolgte in Mannheim am 11. Januar 1784), weicht, wie schon angedeutet, in wesentlichen Punkten von den bisher besprochenen Bearbeitungen ab, und es ist nur zu verwundern, daß es den Titel „Trauerspiel" führt, da ihm in dieser Gestalt alle Grundbedingungen einer Tragödie abgehen. In Betreff des poetischen Gehalts dieser Bearbeitung verweise ich auf Palleske Leben Schillers, I. S. 310 ff. Der Text des Mann

heimer Manuskripts wurde von Boas mitgetheilt in seinen „Nach=
trägen," Bd. III, S. 47—227. Boas benützte jedoch nur eine
ungenaue Abschrift, und sein Text ist daher ganz unzuverlässig, wie
mich eine im Juli 1846 von mir angestellte Vergleichung mit der
Urschrift überzeugt hat. Hoffmeister gab in den „Supplementen"
(Bd. I, S. 233—316) die Abweichungen des Mannheimer Manu=
skripts von dem gewöhnlichen Text und legte dabei die Urschrift
selbst zu Grund. Beide glaubten, eine ganz unbekannte Bearbeitung
mitzutheilen, wogegen ich bemerken muß, daß diese Ueberarbeitung
bereits im vorigen Jahrhundert im folgenden Werk durch den
Druck veröffentlicht wurde: „Deutsche Schaubühne. Zweiter Band.
Augsburg, 1789." (S. 311—468.) Der Titel des Stücks ist:
„Die Verschwörung des Fiesko zu Genua. Ein republikanisches
Trauerspiel in fünf Aufzügen von Friedrich Schiller. Neu bear=
beitet." Der Text weicht hin und wieder vom Mannheimer Manu=
skript ab; der Druck ist äußerst nachlässig.

I. Aufzug. Auftritt 1. Leonore. „Galanterie?... daß
noch die Spur seiner Zähne im flammenrothen Fleck zurück=
blieb?" 1. Ausgabe flammrothen; dieselbe Form Aufzug IV, Auf=
tritt 12: „flammrothe Wangen." Flammroth, d. i. roth wie die
Flamme, ist gebildet wie das Adjektiv kohlschwarz, d. i. schwarz wie
die Kohle, und daher nicht zu ändern. Die Form „flammenroth"
kommt übrigens auch bei Schiller vor in dem Gedicht: Todtenfeier
am Grabe Riegers: „das Gewissen brenne flammenroth."

Leonore. „Du entfärbst dich!... Diese Genueser wissen
mehr, als für das Ohr einer Gattin tauglich." 1. Ausgabe:
„taugt," was durch Druckversehen sehr bald (1798) in „tauglich"
verändert wurde.

Leonore. „Erstaune, Rosa!" Schiller hat hier ohne Zweifel
durch ein Versehen „Rosa" statt „Bella" geschrieben, denn die
vorausgehende Frage ist der Arabella in den Mund gelegt. Eine
solche Verwechslung der Personen werden wir noch öfter finden.
Mannheimer Manuskript: „Bella." Im 1. Leipziger Manuskript
hat Schiller „Rosa" durchstrichen und „Erstaune" in „Erstaunet"
verändert. Im 2. Leipziger Manuskript ist der ursprüngliche Text:

„Erstaune, Rosa," allerdings in „Erstaune, Bella!" — aber nicht von Schillers Hand — korrigirt. Es ist daher wohl in künftigen Ausgaben „Bella" aufzunehmen.

Auftritt 5. Gianettino. „Geh in die Hölle … Hat darum Herzog Andreas seine Narben geholt in den Schlachten ihrer Kinder und Bräute, daß sein Neffe die Gunst dieser Lumpenrepublikaner erbetteln soll?" So 1. Ausgabe bis selbst zur „Neuen verbesserten Ausgabe" von 1806, während im „Theater" ein Carton eingefügt und so der bisher fehlerhafte Text in seine jetzige Gestalt („… in den Schlachten dieser Lumpenrepublikaner, daß sein Neffe die Gunst ihrer Kinder und Bräute erbetteln soll") trefflich verbessert wurde. Dieser Fehler findet sich auch im Mannheimer und 1. Leipziger Manuskript. Boas gibt allerdings den jetzigen Text als den des Mannheimer Manuskripts, jedoch mit Unrecht, weil er eine unzuverlässige Abschrift zu Grund legte. Im 2. Leipziger Manuskript lautet sogar die Stelle: „Hat darum Herzog Andreas seine Narben geholt in den Schlachten ihrer Kinder und Bräute, daß sein Neffe ihre Gnade erbetteln soll?" Von fremder Hand wurde der Text dem Sinne angemessen in folgender Weise verbessert: „… in den Schlachten, daß sein Neffe ihrer Töchter Gnade erbetteln soll?"

Auftritt 7. Fiesko: „Du bist der ewige Grillenfänger. Mag er Genua in die Tasche stecken und an einen Kaper von Tunis verschachern" 1. Ausgabe: „und einen Kaper." Später wurde „an" hineinkorrigirt; 1. Leipziger Manuskript liest richtig: „einem."

Auftritt 9. Fiesko: „Eine höfliche Bestie! Sie will sich mit fremder Leute Gurgeln bedanken." Für die Konjektur „höllische Bestie," die auch im „Theater" Platz gefunden hat, spricht sich Regis aus. Den einzig richtigen Sinn gibt indeß die ursprüngliche Lesart, da Fiesko ironisch den Mohren „höflich" nennt, weil er sich überhaupt bedankt, und eine Bestie, weil dieser Dank in fremder Leute Gurgeln abgetragen wird.

Mohr: „Blitz, gnädiger Herr! … Mein Genie geilte frühzeitig über jedes Gehege." Sanders erklärt in seinem Wörterbuch „geilen" durch „wahlig springen;" Schmid, Schwäbisches Wörter buch) (S. 225): muthwillig springen; „ist schön Wetter, so geilet die Jugend herauß (aus der Kirche) ungestraffet." Schiller milderte diesen Ausdruck im 1. Leipziger Manustript in „eilte;" aber im 2. Leipziger Manustript finden wir wieder „geilte." Aus der angeführten Bedeutung dieses Wortes erklärt sich auch derselbe Ausdruck in der 4. (von Schiller später nicht aufgenommenen) Strophe des Gedichts „Rousseau" Vers 5 und 6:

„Wo der Affe aus dem Thierreich **geilet**,
Und die Menschheit anhebt abzustehn;"

Schiller verweist in dieser Strophe diejenigen, welche über Rousseau zu Gericht sitzen, in ein „an der Menschheit Schranken" angeflicktes Reich, in eine Klasse von Wesen, welche die Schranken des Thierreichs übersprungen, überwunden, sich aber noch nicht zur Würde der Menschheit erhoben haben.

Fiesko. „Sei unbesorgt . . . Geh also gleich morgen durch Genua und suche die Witterung des Staats." So erste Ausgabe und alle Manustripte; aber schon frühzeitig wurde die Verbesserung „und untersuche" in den Text aufgenommen. „Witterung" kann hier nur bedeuten: politische Atmosphäre, und es kann damit bloß das Wort „untersuchen" verbunden werden, das nach der vorausgehenden gleichlautenden Sylbe „und" beim Diktiren oder Abschreiben in „suche" verdorben wurde. An Witterung = Geruch ist nicht zu denken.

Auftritt 11. Verrina: „Nein! zweifle nicht, Tochter!" Mit erster Ausgabe zu lesen: „Nein! Verzweifle nicht, Tochter!"

Auftritt 13. Verrina: „Ich verstehe! Hört also, ich habe längst einen Maler im Solde, der seine ganze Kunst verschwendet, den Sturz des Appius Claudius fresco zu malen." So erste Ausgabe u. ss. nebst Mannheimer Manustript und erstem Leipziger Manustript. Der Korrektor des „Theaters" hat das Wort „fresco" gestrichen und dabei hatte es bis zur Stunde sein Bewenden. Schiller hat ohne Zweifel einen unrichtigen Begriff mit dem Worte „fresco" verbunden, denn gleich darauf sagt Verrina: „Wir werden die Malerei nach seinem Palaste bringen," und Aufzug II, Auftritt 17, bringt wirklich der Maler Romano sein Tableau. Ich gestehe, daß ich es nicht über mich vermochte, in der neuesten Ausgabe dies seit nahe zwei Menschenaltern fehlende Wort in den Text zurückzuführen, wiewohl ich weiß, daß eine strenge Kritik mein Verfahren durchaus nicht billigen wird. Weniger werden die Manen Schillers zürnen, zumal es ihm nicht vergönnt war, an irgend eine der seit 1783 erschienenen Ausgaben die bessernde Hand zu legen. Daß er aber sein Versehen schon 1785 bemerkt hatte, zeigt die Fassung dieser Stelle im zweiten Leipziger Manuskript, wo sie also lautet: „Hört Freunde, ich habe längst einen Maler im Solde, der seine ganze Kunst verschwendet, den Sturz des Appius Claudius und Roms Errettung zu malen."

Aufzug II, Auftritt 2. „(Bella bringt Chokolade, Bella gießt ein)." Dieser alte Fehler ist mit 1. Ausgabe so zu verbessern: Man bringt Chokolade, Bella gießt ein.

Auftritt 4. Mohr: „Daß Genuas großer Mann Genuas großen Fall verschlafe . . . Ein Jesuit wollte gerochen haben, daß ein Fuchs im Schlafrocke stecke." Das „Theater" liest, ohne Zweifel nach einer Konjektur, „im Schafrocke," und Regis tadelt die späteren Ausgaben, daß sie wieder „Schlafrocke" aufgenommen haben. Diese ursprüngliche Lesart wird aber aufs vollständigste durch die Worte des Mohren geschützt, der von den Genuesern sagt, sie können es nicht verdauen, „daß Genuas großer Mann Genuas großen Fall verschlafe." Dazu kommt noch, daß bei dem vom Korrektor des „Theater" ins Auge gefaßten Tropus wohl der Ausdruck „Schafpelz" oder „Schafkleid," nie aber „Schafrock" in Anwendung kommt.

Fiesko: „Gut! Hier nimm die Zechine für diese Zeitung. Die Schellenkappe hab' ich nun aufgesetzt, daß diese Genueser über mich zu rathen haben, bald will ich mir eine Glatze scheeren, daß sie den Hanswurst von mir spielen . . ." Erste Ausgabe und ff.: „daß diese Genueser über will, bald will ich mir" u. s. w. Dieser durch einen Ausfall entstandene Unsinn pflanzte sich von einer Ausgabe zur andern fort, bis endlich der Korrektor im Jahr 1802 folgende Veränderung vornahm: „Die

Schellenkappe hab ich nun aufgesetzt, daß sie diese Genueser überreden soll, bald wolle ich mir eine Glatze scheeren, daß sie den Hanswurst von mir spielen sehen." Der Korrektor des „Theater" hat vernünftiger Weise ganz von diesem Gallimathias abgesehen und aus den schon in der ersten Ausgabe verstümmelten Worten den Text so hergestellt, wie wir ihn seit 1805 lesen. Das Richtige geben übrigens die drei Manuskripte: „daß diese Genueser über mich lachen" — eine Lesart, die der Sinn der folgenden Worte gebieterisch fordert. Denn Fiesko sagt, die Genueser lachen jetzt über mich, bald aber will ich mir eine Glatze scheeren, d. h. ein ernstes Mönchsgesicht annehmen und so die Genueser zum Besten haben, damit ich über sie lachen kann. „Den Hanswurst von mir spielen" heißt hier: meinen Hanswurst spielen.

Mohr: „Die auf dem Block liegen ... Euer sind sie mit Seel und Leib." Auch hier ist in der ersten Ausgabe die Präposition „mit" ausgefallen, welche sich in dem Mannheimer und zweiten Leipziger Manuskript findet.

Auftritt 5. Zibo: „Graf, Sie verzeihen unserm Zorn, daß wir unangemeldet hereintraten." Erste Ausgabe und die Manuskripte richtiger: „hereintreten."

Asserato. „Doria hat das goldene Buch besudelt, davon jeder genuesische Edelmann ein Blatt ist." Diese Worte, welche erst im „Theater" dem Asserato in den Mund gelegt werden, spricht in erster Ausgabe u. ff., so wie im Mannheimer Manuskript und zweiten Leipziger Manuskript Fiesko, während Schiller im ersten Leipziger Manuskript den Fehler bereits verbessert hat. Wir sehen auch hier wieder, daß Schiller manche von ihm selbst gemachte Verbesserungen später aufs neue übersah.

Auftritt 8. Fiesko: „Das Volk gewann's. Die Regierung war demokratisch." Mit erster Ausgabe nothwendig zu lesen: „ward."

Fiesko: „Ich will ihn nicht wissen ... Hassan! Hassan! — Ich muß diesen Haß verstärken..." Erste Ausgabe u. ff.: „Hassan! Hassan! — Ich muß diesen Wind benutzen — Hassan! Hassan! — Ich muß diesen Haß verstärken!" Die geirrten

Worte sind im „Theater" 1805 ausgefallen und fehlen seit dieser Zeit in sämmtlichen Ausgaben. Das durch die zweimal doppelt vorkommenden Worte „Hassan" irregeführte Auge des Setzers und des Korrektors verschuldet den Ausfall dieser Zeile. Aehnliche, durch Homöoteleuta entstandene Ausfälle finden sich nicht wenige selbst in den von Schiller besorgten Ausgaben, und ich will hier nur zwei Beispiele aus seinen größten Geschichtswerken anführen. Schillers Werke. 1838. Abfall der Niederlande. S. 116, Zeile 3 von oben: „keine politische Begebenheit des königlichen Hauses kam, so lange Philipp in den Niederlanden war, ohne Zuziehung Granvella's zu Stande." Ebenso die letzte von Schiller besorgte Ausgabe des Abfalls der Niederlande. Leipzig 1801. Theil 1. S. 186. Bereits im Jahr 1847 habe ich mit Hilfe der ersten Ausgabe wieder hergestellt: „Keine politische Begebenheit und keine Angelegenheit des königlichen Hauses kam" u. s. w. — Schiller's Werke. 1838. Dreißigjähriger Krieg. Bd. 9. S. 35: „Die Anführer in Ungarn sind im Begriffe, mit den mißvergnügten Protestanten in Oesterreich, Mähren und Böhmen gemeine Sache zu machen und alle diese Länder in Einer furchtbaren Rebellion fortzureißen. Dann war der Untergang des Papstthums in diesen Ländern unvermeidlich." Diese Stelle ist genau abgedruckt nach der zweiten, unter Schillers Leitung korrigirten Ausgabe, Leipzig 1802. Th. 1. S. 56. Auch hier gab mir die erste Ausgabe die richtige Lesart an die Hand, und zwar in der ersten Periode statt „Anführer": Aufrührer, und in der letzten folgenden wichtigen Zusatz: „Dann war der Untergang des Hauses Oesterreich gewiß, der Untergang des Papstthums in diesen Ländern unvermeidlich." Daß Schiller selbst die gesperrt gedruckten Worte bei der Herstellung der zweiten Ausgabe gestrichen habe, ist nicht anzunehmen, da er sagen will, dem Untergang des Papstthums in diesen Ländern hätte der Untergang des Hauses Oesterreich vorausgehen müssen. Es ist in der That eine auffallende Erscheinung, daß diese Ausfälle so häufig sind und daß sie selbst in Werken vorkommen, die Schillern wiederholt zur Durchsicht vorgelegen; so z. B. im „Geisterseher," den Schiller dreimal überarbeitet hat. Nachdem derselbe nämlich zuerst in der „Thalia" stückweise erschienen war, veranstaltete Schiller eine Einzelausgabe dieses Romans im Jahre 1789 (Leipzig, Göschen), in der er den Text der Thalia schon vielfach änderte; im Jahr 1792 erschien eine „aufs Neue durchgesehene und vermehrte Ausgabe" und 1798 eine „dritte verbesserte." In diesen drei Ausgaben findet sich unter Anderm gegen Ende des Romans im „vierten Brief" folgende Stelle: „Es that mir weh, ich gesteh' es, daß die Meinung der Welt über eine Frage, wie Sie glücklich seyn sollen, zu entscheiden haben sollte." Jetzt nach Verfluß von 71 Jahren habe ich den richtigen Text mit Hilfe der „Thalia" hergestellt; er lautet: „Es that mir weh, ich gesteh' es, daß die Meinung der Welt über eine Frage, **die nur für Ihr eigenes Herz gehört, die Frage,** wie Sie" u. s. w. Wie nothwendig die ausgefallenen Worte in den Text gehören, ist ebenso einleuchtend, als es erklärlich ist, wie dieselben vom Setzer, den die gleichlautenden Worte „Frage" täuschten, übersehen wurden.

Auftritt 11. Leonore: „Sein Herz wirft er der Dirne nach." Lies mit erster Ausgabe: „den Dirnen."

Auftritt 15. Mohr: „Was ich anbringen will, daß sich's gewaschen haben soll . . . ich muß meinen Magen karessiren, daß **er bei meinen Beinen** das Wort redet" u. s. w. Mit erster Ausgabe ist zu lesen: „daß er **mir bei meinen Beinen**" u. s. w.

Auftritt 17. Fiesko: „Sacco? Malfagno? — Lauter seltne Erscheinungen in meinem Zimmer!" Fiesko macht ein großes Haus, und jetzt würde man etwa sagen „in meinen Appartements." Die erste Ausgabe liest richtig: „in meinen Zimmern."

Verrina: (In Begeisterung:) „Spritz zu, eisgrauer Vater!" u. s. w. So alle Ausgaben bis 1860 und das Mannheimer Manuskript. Von jeher hatte ich gegen den Ausdruck „Spritz zu" Bedenken, und die Annahme, Schiller habe sich hier eines schwäbischen Ausdrucks oder einer etwa in der Karlsschule oder in seiner frühern militärischen Umgebung üblich gewesenen Bezeichnung für „fall aus" oder dergleichen bedient, hat sich trotz aller Nachforschungen in den geeigneten Kreisen nicht bestätigt. Wie ich im Jahre 1848 das erste Leipziger Manuskript bekam, war es mein Erstes, diese Stelle nachzusehen, und ich fand das Wort „Sprütz" durchstrichen und „Stoß" darüber geschrieben. Ebenso, und zwar nicht erst vermittelst einer Korrektur, das zweite Leipziger Manuskript. Regis war der Wahrheit sehr nahe gekommen, indem er zu der Stelle bemerkt: „Sprütz zu — eigener Ausdruck für: Stoß zu, und verspritze endlich das Tyrannenblut!"

Fiesko: „Eine kleine Geduld, Romano ... du prahlst mit Poetenbiße, der Phantasie markloſem Marionettenſpiel, ohne Herz, ohne thatenwärmende Kraft" u. ſ. w. Man leſe mit erſter Ausgabe „thatenerwärmende."

Auftritt 18. Fiesko: „Ganz Genua ärgert ſich an dem Weichling Fiesko." Auch hier mit erſter Ausgabe zu leſen: „ärgerte ſich."

Auftritt 19. Fiesko: „Welch ein Aufruhr in meiner Bruſt ... „Unglückſelige Schwungſucht! Uralte Buhlerei! Engel küßten an deinem Halſe den Himmel hinweg, und der Tod ſprang aus deinem kreiſenden Bauche Engel ſingſt du mit Sirenentrillern von Unendlichkeit ein — Menſchen angelſt du mit Gold, Weibern und Kronen" u. ſ. w. So lautet die Stelle ſeit dem „Theater" (1806). Die erſte Ausgabe hat: „Engel ſingſt du mit Sirenentrillern von Unendlichkeit." Schon in der Ausgabe von 1788 findet ſich der Druckfehler „ſingſt," und der Korrektor des „Theater," gründete auf denſelben eine Konjektur, indem er am Schluſſe des Satzes „ein" hinzufügte und ſo das urſprünglich dem „Angeln" ſynonyme Wort „Fangen" durch das Wort „Einſingen" erſetzte. Allein ſchon die ſyntaktiſche und logiſche Verbindung verlangt das Imperfekt, denn der Fall der Engel gehört der Vergangenheit an, wie es auch kurz zuvor heißt: „Engel küßten u. ſ. w. Ueberdieß bringt die Veränderung „ſingſt ein" einen ganz verkehrten Sinn in unſere Stelle. Es ſoll nicht geſagt werden, daß die Engel durch die Verführung „eingeſungen," d. h. eingelullt oder ein geſchläfert werden, ſondern daß ſie durch die „unglückſelige Schwungſucht," d. h. durch den Ehrgeiz zum poſitiven Handeln, zum Aufruhr gegen Gott angereizt worden ſeien. Und durch den Parallelismus der Sätze: „Engel ſingſt du ... Menſchen angelſt du ..." ſoll offenbar angezeigt werden, daß, wie sich der Mensch vom Ehrgeiz zum Streben nach „Gold, Weibern und Kronen" hinreißen läßt, so die Engel durch ihr Streben nach Unendlichkeit, nach dem, was ihnen als erschaffenen Wesen noch zur Vollkommenheit, zum Werden wie Gott, fehlte, zu Fall kamen.

Aufzug III, Auftritt 1. Verrina: „Jüngling, ich fürchte . . . . Hätte der Frost des Alters oder der bleierne Gram den fröhlichen Sprung deiner Geister gelähmt" u. s. w. Die Ausgaben bis 1806, sowie die Manuskripte lesen statt „gelähmt:" „gestellt." Der Korrektor des „Theaters" hat „gelähmt" in den Text gebracht, was eine ganz unnöthige Aenderung ist, da „stellen" im eigentlichsten Verstande „stehen machen, zum Stehen bringen" heißt, also denselben Sinn gibt, wie lähmen.

Auftritt 2. Fiesko: „Was ist das? . . . Es ist schimpflich, eine volle Börse zu leeren — es ist frech, eine Million zu veruntreuen, aber es ist namenlos groß, eine Krone zu stehlen" u. s. w. „Volle" ist erst im Jahr 1806 in diese vielcitirte Stelle gekommen und nimmt sich neben dem Wort „leeren" sehr komisch aus.

Auftritt 4. Fiesko: „Aus jedem Kopf blüht ein Sendi für dich — Was murmelte Genua zu meinen Galeeren?" So seit 1806. Mit den früheren Ausgaben und Manuskripten ist zu lesen: „murmelt."

Fiesko: „Ungeheuer! Ungeheuer! . . . Hat so viel Hölle in einer Frauenseele Platz?" u. s. w. So liest das „Theater;" Schiller schrieb „Frauenzimmerseele." Mag uns auch diese Zusammensetzung auffallen, so dürfen wir uns doch nicht verhehlen, daß der Dichter, besonders im Fiesko, Frauenzimmer oft gebrauht, wo wir jetzt „Mädchen" oder „Frau" sagen würden. Man vergl. z. B. Aufzug I, Auftritt 1: „Und diese Verstellung kam einem Frauenzimmer am Brauttag?" — Ebendaselbst Auftritt 7: „Vielleicht finden Sie bei meinem Frauenzimmer Zerstreuung." — Ebendaselbst Auftritt 8: „Das Frauenzimmer kann über Mißhandlung nur weinen." — Aufzug III, Auftritt 10: „Das Frauenzimmer ist nie so schön als im Schlafgewand."

Aufzug IV, Auftritt 5. Zenturione: „Den Weg alles

Fleisches. Den weiß ich. Sie sehen ja, daß die Thüren besetzt sind! Wofür hier Thüren besetzt? — Zibo: Wofür die Wachen?" Das Verderbniß dieser Stelle für das in den ersten Ausgaben und in den Manuskripten richtige: „Waffen" kam schon zu Schillers Lebzeiten in den Text und wurde erst 1844 wieder aus demselben entfernt. Abgesehen davon, daß es auffallend wäre, wenn Zenturione und Zibo dieselbe Frage (nach der Besetzung der Thüre und der Wache) stellten, erhellt schon aus den vorhergehenden Auftritten, daß nicht allein die an den Ein- und Ausgängen des Schloßhofs aufgestellten Wachen, sondern auch die in demselben angehäuften Waffen es sind, von denen die eingelassenen Verschworenen überrascht werden; Auftritt 3. Zibo: „Hier liegen Waffen." Auftritt 4. Afferato: „Waffen hier." Und im Auftritt 6 „stürzen sich alle auf die bereitliegenden Waffen."

Auftritt 6. Fiesko: „Man soll schließen! ... Diese Anstalten, die Sie noch kaum mit Entsetzen beschauten, müssen Ihnen jetzt frischen Heldenmuth einhauchen" u. s. w. Mit 1. Ausgabe zu lesen: „beschauten."

Auftritt 9. Fiesko: „Ein Doria soll mich an Großmuth besiegt haben? Eine Tugend fehlte im Stamm der Fiesker? — Nein, so wahr ich selber bin!" u. s. w. So heißt der Text schon im 2. Leipziger Manuskript und in allen spätern Ausgaben von 1796 an. Diese Lesart hat wohl keine andere Bedeutung als: so wahr ich lebe; freilich bleibt dann das Pronomen des Gegensatzes unerklärt übrig. 1. Ausgabe und 1. Leipziger Manuskript bieten die richtige Lesart: „so wahr ich ich selber bin!" D. h.: so wahr ich Fiesko bin und nicht ein Anderer. Den ausdrücklichen Gebrauch des Namens „Fiesko" hat Schiller wahrscheinlich, weil im vorausgehenden Satz der Name „Stamm der Fiesker" vorkommt, vermieden und so dafür die Pronomina „ich selber" gebraucht. Ganz dieselbe Redewendung finden wir in Don Karlos, Aufzug 1. Auftritt 7, wo Marquis Posa sagt:

Jetzt endlich hör' ich meinen Karlos wieder.
Jetzt sind Sie wieder ganz Sie selbst.

Ebenso in Maria Stuart, 1. Aufzug, 4. Auftritt:

Kennedy.
Da ihr die That geschehen ließt, ward ihr nicht
„Ihr selbst, hörtet euch nicht selbst" —

Die Korruption der ursprünglichen Lesart ist unzweifelhaft den Korrektoren zuzuschreiben, die auch an andern Stellen, wo gleichlautende Pronomina zusammentrafen, verbessern zu müssen glaubten. Z. B. Räuber, Aufzug II, Auftritt 1 in der Anmerkung: „welche diese Frau im Prognosticiren beschämt;" Schiller schrieb: „die diese Frau" u. s. w. Und in Fiesko selbst: Aufzug V, Auftritt 16, wurde die Rede Verrina's: „... ob die Nachwelt meine Gebeine aus dem Kirchhof eines Herzogthums gräbt, soll sie sie auf dem Rade zusammenlesen" in einigen Ausgaben geändert: „... soll sie auf dem Rade sie zusammenlesen." Zeigten sich so die Korrektoren ohnedieß geneigt, ohne Bedenken Aenderungen vorzunehmen, so mochten sie sich wohl bei der oben erwähnten Stelle, deren Verständniß ihnen entging, auch kein Gewissen daraus machen, das eine Pronomen ganz zu unterdrücken.

Auftritt 13. Fiesko: „Sie waren Zeugen ... Ihr werdet mich abholen, wenn die Kanone donnert." So lautet der Text erst seit 1838. Die früheren Ausgaben und 1. Leipziger Manuskript: „wenn die Kanone kommt." „Donnert" ist ohne Zweifel eine sehr glückliche Konjektur, während eine Erklärung der ursprünglichen Lesart: „die Kanone kommt" durch: man hört das mit der Kanone gegebene Zeichen, wider den Sprachgebrauch ist. Daß aber hier keine andere Bedeutung, als ein durch die Kanone gegebener Signalschuß, Platz greifen kann, beweisen andere Stellen, wo von eben diesem Abfeuern der Kanone als dem Zeichen zum Ausbruch der Verschwörung die Rede ist. So sagt Fiesko Auftritt 10: „Verrina wird voraus in den Hafen gehen und mit einer Kanone das Signal zum Ausbruch geben." Am Schluß des Auftritts 14 heißt es: „(Man hört den Kanonenschuß. Fiesko springt los. Alle Verschworenen treten in den Saal.)", und Aufzug V, Auftritt 2: „Lomellin: Auf den Galeeren krachte eine Kanone." Das 2. Leipziger Manuskript bietet eine andere Fassung der Stelle, nämlich: „wenn die Kanone gelöst wird," deren Sinn mit der Konjektur vollkommen übereinstimmt.

Auftritt 14. Leonore: „Und darum, mein Gemahl.... Dein Herz ist unendlich — auch die Liebe des Fiesko," u. s. w. So von 1798 bis auf Körner; von da bis 1838: „auch die Liebe sei es, Fiesko." 1. Ausgabe hat die richtige Lesart: „auch die Liebe ist es, Fiesko," aus welcher bald die Stelle in: „die Liebe ist des Fiesko" korrumpirt wurde, was sodann die folgenden Verbesserungsversuche veranlaßte. Es bleibt hier, wie so oft, zu verwundern, daß keiner der Herausgeber, auch der des „Theater" nicht, die erste Ausgabe zu Rathe zog.

Aufzug V. Auftritt 3. Bourgognino: „Räuber der Republik und meiner Braut! (zu den Verschworenen, indem er auf Gianettine stürzt) Ein Gang Profit, Brüder! Seine Teufel liefern ihn selbst aus." So 1. Ausgabe u. ff. Dem Korrektor des „Theater," der manches Verdienst sich um den Text unseres Stückes erworben hat, muß diese Stelle gänzlich unklar gewesen sein, denn er glaubte sie in folgender Weise umändern zu müssen: „Ein Gang. Profit, Brüder!" u. s. w. Doch schon Körner hat wieder die richtige Lesart hergestellt, deren einfacher Sinn ist: Ich habe einen Gang profitirt, denn statt daß ich Gianettino aufsuchen muß, läuft er mir selbst in die Hände. Diese Erklärung wird aufs vollständigste bestätigt durch 2. Leipziger Manuskript, in welchem Schiller unsrer Stelle folgende Fassung gab: „Einen Gang erspart, Brüder; seine Teufel liefern ihn selbst aus."

Auftritt 4. Deutscher: „Feinde um und um! Fort! Flieht über die Grenze!" So Körner. 1. Ausgabe: „Flucht über der Grenze." „Flucht," was nur „fluchet" heißen könnte, ist offenbar verderben aus „fliehet" oder „flüchtet;" und „über der," statt „über die" ist ein Druckfehler, deren 1. Ausgabe nicht wenige hat. Es ist also am besten, bei Körners Konjektur zu bleiben. Im 1. Leipziger Manuskript lautet die Stelle: „Flucht über die Grenze rettet euch;" im 2. Leipziger Manuskript: „Fort, fort über die Grenze!"

Deutscher: „Mord! Zum Erschlagen hat's noch Weile" u. s. w. So 1. Ausgabe u. ff. bis 1806. Der Korrektor des „Theater" hat trefflich „Mord" in „Fort" verwandelt. Der

Deutsche wiederholt immer dringender seine Aufforderung zur Rettung durch die Flucht, wie er ja auch durch die folgenden Worte: „zum Erschlagen hat's noch Weile" dem Doria den Gedanken, er falle durch Mörderhand, ausredet und auf die Gewinnung von Zeit mittelst der Flucht hinweist.

Auftritt 8. Bourgognino: „Du erschrickst? Niedlicher Kleiner, zu früh eilst du in den Mann — Wie alt bist du?" Mit 1. Ausgabe wieder zu lesen: „eiltest."

Bourgognino: „Gleich geh und überliefre ihr diesen Ring. Es gelte den Trauring, sagst du, und der blaue Busch halte sich brav" u. s. w. Die ursprüngliche Lesart ist: „er gelte den Trauring" u. s. w., die ohne Zweifel nur durch einen Druckfehler, schon vor dem Erscheinen des „Theaters," verdrängt wurde.

Auftritt 12. Zibo: „Laßt seinen zerrissenen Rumpf unsre Pflaster lehren." So die erste Ausgabe; später wurde „unsre" in „unser" verwandelt, gewiß ohne Noth, da „unsre" Pflaster gleich ist „unsre Straßen." Im zweiten Leipziger Manuskript lautet die Stelle: „Schleift seine Leiche durch die Straßen von Genua."

Auftritt 14. Andreas: „Nur an meinem Neffen scheute das Roß. Mein Neffe ist todt" u. s. w. Diese seit 1844 von mir in den Text zurückgeführte Lesart gründet sich auf 1. Ausgabe. Im „Theater" fehlt „an," ebenso bei Körner und in den folgenden Ausgaben, und es heißt die Stelle also: „nur meinem Neffen scheute das Roß." Die Präposition „an" ist hier wahrscheinlich nicht durch ein Versehen ausgefallen, sondern vom Korrektor absichtlich getilgt worden, der, den Sinn der ursprünglichen Lesart verkennend, durch das Ausscheiden der Präposition dem Verständniß der Stelle aufhelfen wollte, welche dadurch die Deutung bekam: nur meinem Neffen wurde das Roß scheu, nur meinen Neffen litt es nicht auf sich, warf es ab. Die ursprüngliche Lesart wird indeß durch folgende Parallelstelle sprachlich gerechtfertigt:

„Da bäumet sich mein Roß und scheuet

An seinem Basilistenblick" (Kampf mit dem Drachen), und gibt überdieß den richtigen Sinn: das Roß wurde an meinem

Neffen scheu, that fremd mit ihm, bebte vor ihm zurück, ließ ihn nicht aufsitzen. Die Frage bleibt jetzt noch: was ist unter dem „Roß" gemeint? Ist es nur eine allgemeine Redensart, wie man etwa im Sprichwort sagt: „Einem den Gaul scheu machen," oder bezeichnet es bildlich ein bestimmtes Subjekt? Ohne Zweifel ist unter „Roß" die Republik, das Volk von Genua zu verstehen — eine Erklärung, für die sich in Aufzug IV. Auftritt 14 eine entscheidende Stelle findet; Leonore sagt zu Fiesko: „Sagst du das ... O mein Gemahl, du gehst nicht hin, dich den Genuesern zu zeigen und angebetet zu werden. Republikaner aus ihrem Schlaf aufzujagen, das Roß an seine Hufe zu mahnen, ist kein Spaziergang, Fiesko." Die Erklärung unserer Stelle ist demnach folgende: der alte Doria hegt wieder Hoffnung, seine Sache siegen zu sehen, da das einzige Hinderniß, sein Neffe, dessen verhaßte Herrschaft sich die Genueser nicht gefallen lassen wollten, todt ist. In der That faßt auch Lomellino, an den die Worte des Andreas gerichtet sind, diese nicht anders auf; denn er fragt alsbald: „Was? noch? noch hoffen Sie, Herzog?"

Während hier eine Stelle durch Auswerfen einer Präposition korrumpirt wurde, geschah dies in einem andern Falle durch Einschaltung des nemlichen Redetheiles. Es ist im Abfall der Niederlande (Ausgabe 1844, S. 302), wo die betreffende Stelle folgendermaßen lautet: „der Monarch, weit davon entfernt, eine Zusammenrottung der Nation Gefahr zu laufen, um eine Grille seiner Schwester zu befriedigen." Körner korrigirte: „durch eine Zusammenrottung," was offenbar den Sinn ändert. Körner konnte sich den Schiller'schen Sprachgebrauch: „eine Sache Gefahr laufen" nicht erklären und glaubte deßhalb die Stelle bessern zu müssen. Daß Schiller „Gefahr laufen" in dem Sinn und mit der Konstruktion von „wagen, riskiren" nahm und gebrauchte, zeigt ferner folgende Stelle in der ersten Ausgabe des Abfalls der Niederlande (S. 177): „Doch wollten sie [die Genien] lieber die Ungnade ihres Herrn Gefahr laufen, als ihn noch länger in der Unwissenheit verharren lassen;" hier hat Schiller selbst in der zweiten Ausgabe, wahrscheinlich der Deutlichkeit wegen, geändert: „doch wollten sie lieber in die Ungnade ihres Herrn zu fallen Gefahr laufen" u. s. w.

Auftritt 16. Verrina: „Auch dann nicht ... Die Geschenke eines Fürsten sind Gnade — und Gott ist mir gnädig." So alle Ausgaben von 1783 bis 1860. Verrina will, wie aus seinen vorausgehenden Reden ersichtlich, sagen, er werde eher als Verbrecher enden, als daß er den Fiesko als Herzog von Genua anerkenne, und auf dieses Letztern Anerbieten, ihn mit Wohlthaten zu überhäufen, erwidert er, Geschenke, die man nicht wett machen könne, seien Gnade; er, Verrina, kenne aber nur Einen, der ihm Wohlthaten erzeige, die er nicht vergelten könne: Gott. Einen Fürsten, dessen Geschenke ebenfalls den Anspruch machten, Gnadenerweisungen zu sein, könne er darum nicht anerkennen. Dieser Sinn läßt bei dem Satz, so, wie er bisher lautete, eine limitirende Partikel vermissen. Es war mir deßhalb eine große Genugthuung, in dem ersten Leipziger Manuskript unsre Stelle in folgender Fassung zu finden: „und nur Gott ist mir gnädig," während das zweite Leipziger Manuskript liest: „und Gott ist nur gnädig." Es ist leicht möglich, daß die Stelle ursprünglich so gelautet hat, wie die letztere Lesart sie gibt, und daß, wie dies so oft geschieht, in der ersten Ausgabe aus „nur": „mir" entstanden ist.

Kabale und Liebe.

Die erste Ausgabe erschien im Jahr 1784 unter mehreren Titeln und mit Angabe mehrerer Verlagsorte. Der eine Titel lautet: „Kabale und Liebe, ein bürgerliches Trauerspiel in fünf Aufzügen von Friedrich Schiller. Mannheim in der Schwanischen Hofbuchhandlung 1784." 8°. 3 Beilagen und 167 Seiten. Ein zweiter Titel ist dem eben mitgetheilten gleichlautend, als Verlagsort ist „Frankfurt und Leipzig," ohne weitere Bezeichnung als die Jahreszahl (1784), angegeben. Endlich findet sich noch als dritter (General-) Titel, und zwar bald dem einen, bald dem andern der eben angeführten auf einem besondern Blatt beigefügt: „Trauerspiele von Friedrich Schiller. Zum erstenmal aufgeführt auf der

Mannheimer Nationalschaubühne. Die Räuber. Die Verschwörung des Fiesko zu Genua. Kabale und Liebe. Mannheim in der Schwanischen Hofbuchhandlung 1784." Alle Ausgaben von „Kabale und Liebe," welche vom Jahr 1784 unter den eben mitgetheilten Titeln vorkommen, sind, wie mich genaue Prüfung überzeugt hat, ein und derselbe Druck, und es sind demnach die von Herrn Regierungsrath Dr. Wenzel in seinem verdienstvollen Buch „Aus Weimars goldenen Tagen" (S. 189), deßgleichen die in dem „Schillerbuch" von Dr. Konstant Wurzbach v. Tannenberg, der schönsten Gabe zum Fest des vorigen Jahres (Nr. 1090—1092), aufgeführten drei Ausgaben auf eine einzige zu reduciren. Der Druck ist sehr korrekt, und die wenigen Druckversehen waren meistens leicht zu verbessern; doch schlichen sich in den folgenden Ausgaben, die Schiller nicht mehr revidirte, wieder neue Fehler ein, die auch in das „Theater" mit übergingen. Der Korrektor dieses Dramas im Theater kann nicht dieselbe Person sein mit dem des „Fiesko"; denn während dieser sein Amt mit Scharfsinn versah, hat jener kein anderes Verdienst, als den Text unseres Trauerspiels mit ungefähr 400 neuen Ausrufungszeichen bereichert zu haben, die sich alle in den nachfolgenden Ausgaben erhielten. Auch einige schwache Conjekturen verdanken ihm ihre Aufnahme. Zugleich erschien eine „Neue verbesserte Auflage. Tübingen, Cotta, 1805," die aber wieder nur ein Separatabdruck aus dem „Theater" ist. Der Titel „Neue verbesserte Auflage" bei den drei Jugenddramen unseres Dichters (1805—1806) ist also durchaus nicht so zu fassen, als ob Schiller selbst dieselben neu durchgesehen und verbessert habe.

Was Handschriften zu „Kabale und Liebe" betrifft, so ist vom ersten Entwurf nur noch ein einziges Blatt vorhanden, dessen Mittheilung ich der Güte der Freifrau v. Gleichen verdanke. Dasselbe beginnt mit den Worten der Lady: „einst gegen einander stellt — Aber Sie haben die Engländerin in mir aufgefordert" (Aufzug III. Auftritt 3) und endet mit den Worten Ferdinands: „Sie sollten sich von Anklagen reinigen und machen mich zu einem Verbrecher — Fluch über". Die letzten beiden Worte, mit denen ein neuer

Satz beginnen sollte, fehlen in dem Trauerspiel in seiner jetzigen Gestalt. Merkwürdig ist dieses Fragment hauptsächlich auch dadurch, daß aus ihm zu ersehen ist, daß Schiller der Familie des Präsidenten ursprünglich nicht den Namen „Walter," sondern „Wieser" gegeben hatte, wie man aus den Worten entnimmt, welche die Lady an Ferdinand richtet: „Ich bin nicht die Abenteuerin Wieser, für die Sie mich halten."

Der Leipziger Schillerverein, der in der Zeit seines zwanzigjährigen Bestehens in rühmlichster Weise durch Rede und Schrift zur Kenntniß und Würdigung unseres Dichters beizutragen bestrebt ist, besitzt in seiner seit dem Jahr 1843 angelegten Schillerbibliothek ein von Dr. W. Schäfer in Dresden angekauftes Exemplar der ersten Ausgabe von Kabale und Liebe, das ich bereits im Jahr 1848 verglichen habe. Ueber die Varianten desselben kann ich hier hinweggehen, da Herr Dr. L. Eckardt in seinen „Erläuterungen zu Kabale und Liebe" (Jena, 1859), S. 64—68, dieselben mitgetheilt hat. Es ist ein Theaterexemplar und nicht mehr zu entscheiden, wie viele der im Text vorkommenden Abänderungen und durch Striche vorgenommenen Kürzungen Schiller zugehören. Ueberdieß ist sehr häufig der durch Striche getilgte Text durch aufgeklebte Zettel wieder hergestellt. Auf keinen Fall aber ist es, wie angenommen wurde, ein von Schiller zum Behuf einer etwaigen zweiten Ausgabe bearbeitetes Exemplar, ein Urtheil, zu welchem mich einerseits die genaue Einsicht in dieses Exemplar, anderseits eine Vergleichung mit den sehr wenigen Manuskripten bestimmt, die von Schiller für den Druck redigirt worden sind. Solche Manuskripte sind nämlich sehr selten, und es war mir bisher trotz aller Mühe nicht möglich, mehr als folgende sechs zu benützen: 1) Das Manuskript, welches Schiller für die erste Einzelausgabe des „Geisterseher" bearbeitete; es besteht dasselbe aus zwei Heften der Ausgabe in der Thalia, ist mit Schreibpapier durchschossen und enthält theils auf diesem, theils im Text die Korrekturen Schillers. Es befindet sich im Besitz Sr. Erlaucht des Grafen und Herrn Karl v. Giech, königl. bayerischen Reichsraths, dessen höchst anerkennungswerther Liberalität ich die Benützung dieses Manuskripts verdanke. 2) Das

Manuskript zu Wallenstein, und zwar zum „Lager" und den „Piccolomini;" die Kenntniß und Einsicht dieser wichtigen, dem ersten Druck zu Grund gelegten Handschrift verdanke ich der Güte des Herrn Professors Dr. Veesenmeyer in Ulm. 3) Die „Huldigung der Künste, 4) Don Carlos und 5) die Jungfrau von Orleans," welche dem Druck des ersten Bandes des „Theater" zu Grund lagen und sich im Besitz der J. G. Cotta'schen Buchhandlung befinden. Endlich das mehrerwähnte Manuskript für die von Schiller im Jahr 1804 beabsichtigte Prachtausgabe der Gedichte, welche bei Göschen erscheinen sollte.

Außer dem oben genannten Leipziger Manuskripte findet sich eine Handschrift von „Kabale und Liebe" auch noch im Hamburger Theaterarchiv. Der Text derselben, der übrigens gekürzt ist, stimmt mit dem der ersten Ausgabe überein.

Aufzug I. Auftritt 1. Miller: „Aber sag mir doch ... Gelt, wenn so ein Musje von sich da und dort und dort und hier schon herumbepolt hat, wenn er, der Henker weiß was als? gelöst hat, schmeckt's meinem guten Schlucker freilich, einmal auf süß Wasser zu graben" u. s. w. — Frau: „Solltest nur die wunderhübsche Billeter auch lesen, die der gnädige Herr an deine Tochter als schreiben thut" u. s. w. — Miller: „Hui da! Betet! ... Da fangt mir das Mädel — weiß Gott was als für? — überhimmlische Alianzereien ein" u. s. w. Körner hat in der ersten Stelle „als" in „alles," in der zweiten dasselbe Wort in „alle" verwandelt und in der dritten es vollends gestrichen. Dieses „als" (verkürzt aus „alles") wird adverbialiter in ganz Schwaben, am Oberrhein und Main, bis nach Thüringen und Sachsen in der Bedeutung für „immer, gewöhnlich, zuweilen" gebraucht. Eine Menge Belege finden sich in Grimms Wörterbuch, S. 247.

Auftritt 2. Frau: „Ach guten Morgen, Herr Sekertare," u. s. w. So „Theater" u. ff. bis 1844. 1. Ausgabe: „Ah guten Morgen." Dieser Ausruf der Verwunderung ist hier allein richtig.

Wurm: „rückt unruhig im Sessel, kratzt hinter den Ohren und zupft an Manschetten und Chapeau)" u. s. w. So 1. Ausgabe u. ff.; aber schon 1802 „Jabot;" „Theater" wieder „Chapeau," ebenso Körner.

Später korrigirte man mit Recht „Jabot," denn Wurm legt im Eingang der Scene „Hut und Stock weg" und greift gegen das Ende derselben „nach Hut und Stock." Solche, durch Zufall, vielleicht beim Diktiren, in den ersten Ausgaben entstandene Fehler müssen in den für die größeren Leserkreise berechneten Ausgaben ohne Weiteres verbessert werden, während eine kritische darüber nicht mit Stillschweigen weggehen kann.

Wurm: „Auch habe ich es nicht um Sie verdient .... der Präsident ist mir gewogen, an Empfehlung kann es nicht fehlen" u. s. w. So Körner u. ff. Dagegen 1. Ausgabe: „an Empfehlungen kann's nicht fehlen."

Auftritt 3. Luise: „Ich versteh' ihn Vater ... Ich hab' keine Andacht mehr, Vater — der Himmel und Ferdinand reißen an meiner Seele" u. s. w. So lautete der Text seit Körner, bis in der Ausgabe von 1844 der ursprüngliche: „an meiner blutenden Seele" wieder hergestellt wurde.

Auftritt 6. „Hofmarschall von Kalb, in einem reichen, aber geschmacklosen Hofkleid .... Er fliegt mit großem Geräusch auf den Präsidenten zu" u. s. w. Seit mehr als 70 Jahren hat sich die bezeichnete irrthümliche Lesart fortgepflanzt; sie muß, wie die 1. Ausgabe ergibt, in „Getreisch" abgeändert werden.

Aufzug 2. Auftritt 1. Lady: „Ich bitte, verschone mich .... Was fang ich mit Leuten an, deren Seelen so gleich als ihre Sackuhren gehen?" u. s. w. Der Korrektor des „Theater" änderte: „was fang ich mit den Leuten an," weil er nicht einsah, daß der Begriff, welchen er durch Hinzufügung des Pronomens bezeichnen wollte, ohnedieß schon in dem Substantiv „Leuten" liegt.

Auftritt 2. Lady: „Soll ich den Fluch seines Landes in meinen Haaren tragen? Oder willst du, daß ich unter dem schrecklichen Geschirr solcher Thränen zu Boden sinke?" u. s. w. So 1. Ausgabe u. ff., bis im „Theater" die sinnlose Konjektur „Gewinsel" statt „Geschirr" Aufnahme fand. Körner, der vielleicht die erste Ausgabe zu Rathe zog, sich aber wohl von dem „Geschirr" keine klare Deutung geben konnte, änderte dem Sinn nach nicht schlimm: „Last;" was freilich von der ursprünglichen Schreibung gar zu sehr abweicht, und wo das synonyme Wort: „Gewicht" doch gewiß dem „Geschirr" näher gekommen wäre (vergl. Aufzug 2, Auftritt 3: „Lady: Jetzt oder nimmermehr ... Das Gewicht dieser Thränen mußt Du noch fühlen"). Indeß wäre auch die Aenderung des „Geschirr" in „Gewicht" bei dem äußerst korrekten Druck der 1. Ausgabe dieses Dramas, der nur bei einzelnen Buchstaben Entstellungen aufweist, unstatthaft, um so mehr, da es dem Setzer nicht wohl beikommen konnte, ein so gewöhnliches Wort wie „Gewicht" in das ungewöhnliche „Geschirr" zu verwandeln. Es bleibt somit nichts übrig, als mit 1. Ausgabe „Geschirr" zu lesen, und ich will versuchen, die Stelle zu erklären. Lady Milford hat soeben vom Herzog durch einen Kammerdiener einen kostbaren Haarschmuck von Brillanten zum Geschenk bekommen, der aus dem Verkauf von 7000 Landeskindern nach Amerika erworben wurde. Vom Kammerdiener erfährt sie, daß dieser Schmuck dadurch mittelbar die Quelle von unsäglichem Jammer und von Thränen der Verzweiflung geworden (der Kammerdiener, der selbst ein paar Söhne unter den Verkauften hat, nennt seine Thränen, auf den Schmuck hinweisend: „Edelsteine wie diese da"), und nun weigert sie sich, die Brillanten anzunehmen. Sie vergleicht den Schmuck, der bestimmt ist, in den Haaren getragen zu werden („soll ich den Fluch seines Landes in meinen Haaren tragen?") mit dem prächtigen Kopfgeschirr eines Pferdes, nennt dieses Geschirr schrecklich, weil es durch so viele Thränen erworben wurde, und fürchtet, daß die Wucht dieses Geschirrs, an dem die Edelsteine Thränen, d. h. durch Thränen erkauft sind, sie niederdrücken werde. Daß „Geschirr" bei Schiller als Pferdeschmuck vorkommt, sieht man aus Demetrius Aufzug 1.

„Mit reichen Perlen sein Geschirr bedecken"
sowie aus der „Braut von Messina:"
Don Manuel.
„Den schönsten Zelter führet dann hervor
Aus meinen Ställen ....
Von Purpur sei die Decke und Geschirr
Und Zügel reich besetzt mit edeln Steinen."

An unserer Stelle wird nun „Geschirr," gewiß nicht ohne Nebenbeziehung auf seine Bedeutung als Pferdeschmuck, metaphorisch für Schmuck überhaupt gebraucht. Im Hamburger Manuskript fehlen die Worte: „Oder willst du — sinke."

Auftritt 3. Lady: „Hören Sie also, was ich außer Ihnen noch niemand vertraute .... ich bin fürstlichen Geblüts — aus des unglücklichen Thomas Norfolks Geschlechte, der für die schottische Maria ein Opfer ward" u. s. w. 1. Ausgabe: „war"; Theater: „ward" — eine Korrektur, die durch das Manuskript des ersten Entwurfes bestätigt wird.

Lady: „Krank — ohne Namen ... Mein Herz brannte nach Herzen — ich sank an das seinige" u. s. w. Dieser sehr fatale Fehler, der die vorausgehenden tiefgefühlten Worte der Lady geradezu lächerlich macht, war durch Körner in den Text gekommen und hatte sich über 30 Jahr unbeanstandet erhalten; es muß heißen: „mein Herz brannte nach einem Herzen."

Auftritt 6. Präsident: „Wo der Sohn Gehorsam gegen den Vater lernt?" Ferdinand: „Lassen Sie uns das —" So 1. Ausgabe bis Theater; von da wurde korrigirt „Lassen Sie uns doch" und 1844 die alte Lesart zurückgeführt. „Lassen Sie uns das" ist eine abgebrochene Rede, wobei in Gedanken zu ergänzen ist: „Lassen Sie uns das anderswo zum Austrag bringen."

Auftritt 6. Präsident: „Erhielt Sie Versicherungen?" Ferdinand: „Vor wenig Augenblicken die feierlichsten im Angesicht Gottes." So seit Körner. Diese Korrektur ist jedoch nicht beizubehalten, denn der Singular „die feierlichste" nemlich Versicherung, erhält seine Erklärung durch den von Ferdinand im vorhergehenden Auftritt gegebenen Schwur: „So wahr mich Gott" u. s. w.

Auftritt 7. Präsident: „Thu es, wenn deine Klinge spitzig genug ist." So ältere (z. B. 1786) und neuere Ausgaben; während in 1. Ausgabe, Theater und bei Körner es heißt: „auch spitzig ist." Die letztere Lesart ist die allein richtige; denn der Sinn dieser ironisch gesprochenen Worte ist: Thu es, wenn du auch den Muth hast, deine ausgestoßene Drohung („Vater! Ob Sie meine

Gemahlin beschimpfen, durchstoß ich sie") auszuführen und die Spitze deiner Klinge gegen sie zu kehren. Eine ähnliche Redeweise findet sich in der Jungfrau von Orleans Aufzug II. Auftritt 10. Johanna (zu Burgund):

> Was willst du thun Burgund? — —
> — — — unser Schwert
> Hat keine Spitze gegen dich."

Aufzug III. Auftritt 2. Hofmarschall: „Aber bedenken Sie doch, ein Ehmann! Und meine Reputation bei Hofe!" Körner hatte „Ehmann" in „Ehrenmann" verändert, welche Aenderung bis 1844 ihren Platz im Text behauptete. Sie ist jedoch ebenso unnöthig als unpassend; denn weder die besondere Situation, in welcher sich der Hofmarschall Kalb befindet, noch dessen Charakter überhaupt geben ihm Veranlassung, sich auf seine Eigenschaft als „Ehrenmann" zu berufen, wohl aber mag es dem geistesbeschränkten Höfling befremdlich vorkommen, daß man ihm als einem verheiratheten Manne noch eine Liebesintrigue mit der bürgerlichen Geigerstochter zumuthet.

Auftritt 6. Wurm: „Morgen hat er den Dienst — passen Sie ab, wenn er von mir geht, und kommen an den bewußten Ort" u. s. w. Spätere Herausgeber meinten, nach „kommen" das Pronomen „Sie" wiederholen zu müssen. In gleich überflüssiger Weise wurde die Stelle in „der Neffe als Onkel" Ausgabe 1838 Bd. 7 S. 196: „Lesen Sie und beklagen ihn" durch die Einschaltung von „Sie" nach „beklagen" geändert; denn der erste Druck (Theater Bd. 5. S. 300) kennt das Einschiebsel „Sie" nicht und ebensowenig das mir nebst andern sehr werthvollen Schiller'schen Manuskripten durch die höchst dankenswerthe Güte des Herrn Theaterdirektor Dr. Wollheim in Hamburg zur Vergleichung mitgetheilte Manuskript dieses Lustspiels. Daß diese Ellipse des Pronomens beim Imperativ überhaupt Schillers Schreibweise geläufig ist, zeigt u. A. folgende einem Brief Schillers an Iffland vom 25. Februar 1804 entnommene Stelle: „Leben Sie wohl, mein Bester, und lassen mich Ihrer Freundschaft empfohlen sein." Oder: Dreißigjähriger

Krieg. (Ausgabe 1844 S. 177): „Eilen Sie zurück und sagen ihm" u. s. w.

Aufzug IV, Auftritt 3. Ferdinand: „Wie er dasteht, der Schmerzenssohn! — Dasteht, dem sechsten Schöpfungstag zum Schimpfe! Als wenn ihn ein Buchdrucker dem Allmächtigen nachgedruckt hätte" u. s. w. So lautet der Text dieser Stelle von 1812 (Körner) bis 1860, wo endlich die Bedenken weichen sollten, die der Wiederherstellung des ursprünglichen Textes bisher im Wege standen. Derselbe lautet nämlich: „Als wenn ihn ein Tübinger Buchhändler dem Allmächtigen nachgedruckt hätte!" Jene Bedenken waren um so weniger begründet, als keine der ehrenwerthen noch bestehenden Tübinger Firmen von dieser Vergleichung betroffen werden konnte, sondern damit ein Buchhändler und Nachdrucker Schramm bezeichnet war, dessen Familie längst ausgestorben ist. Hoffentlich wird man meiner oben gegebenen Versicherung, es seien alle von Körner in den „Räubern" ausgemerzten Stellen restituirt, vollen Glauben schenken, da jetzt unsere besonders beanstandete auf den ursprünglichen Text zurückgeführt werden durfte.

Aufzug V, Auftritt 1. „Luise sitzt stumm und ohne sich zu rühren in dem finstern Winkel des Zimmers" u. s. w. So alle Ausgaben seit 55 Jahren, während man wenigstens hätte ändern sollen: „in einem finstern." Das allein Richtige bieten die älteren Ausgaben: „in dem finstersten."

Miller: „Das ist meine Tochter! ... Kind! Kind! daß ich den Tag meines Lebens nicht werth war!" u. s. w. Schon in meinen „Beiträgen" (1858) habe ich denjenigen, welche „daß" in „das" verwandelten, freudig beigestimmt. Herr Dr. Schmid, nunmehr Rektor des Gymnasiums in Stuttgart, hatte die Gefälligkeit, mich aufmerksam zu machen, es sei „daß" wahrscheinlich aus „deß" verdorben worden, und ich habe nun „deß" in der neuesten Ausgabe in den Text aufgenommen, zumal da das Urtheil eines schwäbischen Gelehrten, namentlich in jenen Stücken, wo Schiller sich noch nicht von den Einflüssen seines heimischen Dialekts emancipirt hatte, von bedeutendem Gewicht ist. Doch erlaube ich mir zu bemerken, daß ich in älteren Drucken und in Manuskripten an verschiedenen Stellen fünfmal „daß" für „das" gefunden habe.

Auftritt 3. Ferdinand: „Seltsam, o unbegreiflich seltsam spielt Gott mit uns ... Mann! ich bezahlte dir dein Bischen Flötenspiel zu theuer — — und du gewinnst nicht einmal — auch du verlierst vielleicht alles" u. s. w. So lautet der Text seit dem „Theater;" jedoch mit der ersten Ausgabe ist wieder zu lesen: „bezahle," wie man aus den folgenden Worten sieht: „und du gewinnst nicht einmal." Am Schluß der Periode ist einmal das Wort „verlierst" ausgefallen, und es muß heißen: „auch du verlierst — verlierst vielleicht alles."

Auftritt 4. Ferdinand: „Das einzige Kind ... Und wenn er nun hineilt und nicht erwarten kann, die ganze Summe seiner Freuden vom Gesicht dieser Tochter herunterzuzählen, und hereintritt, und sie da liegt die Blume — welk — todt — zertreten" u. s. w. „Hineilt" ist schon zu Schillers Lebzeiten in den Text der späteren Mannheimer Ausgaben gekommen und hat sich bis auf die neueste Zeit erhalten, während es mit Ausgabe I. heißen muß: „heimeilt," wie man aus dem folgenden Wort „hereintritt" sieht und insbesondere aus dem 6. Auftritt, wo Ferdinand, der seine ganze Handlungsweise prämeditirt hat, den Vater fortschickt und, während die Tochter dem abgehenden Vater hinausleuchtet, das Gift in die Limonade schüttet.

Auftritt 5. Miller: „Was? beim großen Gott? ... Wie um aller Himmel willen, Baron? Baron! Was sind Sie? Was treiben Sie, Baron?" u. s. w. „Was sind Sie," so lautet der Text vom „Theater" an, während die älteren Ausgaben das Richtige bieten: „Wo sind Sie?" Man vergl. Aufzug IV, Auftritt 7: „Lady: Wo bin ich? Wo war ich? Was hab' ich merken lassen?"

Auftritt 7. Ferdinand: „Ganz außerordentlich, um die Knaben auf dem Markt hinter mir herzujagen ... Vielleicht, daß wir dann nach dem lustigen Wettlauf, zwei modernde Gerippe, mit der angenehmsten Ueberraschung von der Welt zum zweitenmal auf einander stoßen" u. s. w. Regis, der die Ausgabe von 1835 mit dem „Theater" verglich, ist so sehr von der Zuverlässigkeit des Textes im „Theater," welches „Wettlauf" hat, überzeugt, daß er „Wettlauf" für ein Verderbniß des Textes hält, während die 1. Ausgabe, sowie der Zusammenhang „Wettlauf" fordern.

Ferdinand: „Und die süße melodische Stimme … Ueberall das Werk seiner himmlischen Schäferstunde! Bei Gott! als wäre die große Welt nur entstanden, den Schöpfer für dieses Meisterstück in Laune zu setzen!" u. s. w. Im „Theater" heißt es statt „Schäferstunde:" Schöpferstunde, welcher offenbar durch ein Druckversehen entstandenen Aenderung (der Setzer mochte von „Schäfer" auf das in der nächsten Zeile stehende „Schöpfer" gekommen sein) Regis einen zu hohen Werth beilegt, indem er sie als eine von Schiller ausgegangene Lesart betrachtet.

Ferdinand: „Sonst sollte mir's Leid um dich thun, wenn du mit einer Lüge von hinnen müßtest." Diese Lesart ist durch Körner in den Text gekommen, während die älteren Ausgaben „mit dieser Lüge" bieten, was sich ganz gut aus dem Früheren erklären läßt; denn in den vorausgegangenen Worten Luisens: „Dürft ich den Mund aufthun, Walter, ich könnte dir Dinge sagen u. s. w." liegt eine Versicherung ihrer Unschuld, eine bestimmte Behauptung, die Ferdinand als Lüge erklärt.

Luise: „Ferdinand, auch du! Gift, Ferdinand! Von dir? O Gott, vergib es ihm — Gott der Gnade, nimm die Sünde von ihm —" Ursprünglich lautet die Stelle: „vergiß es ihm," und es ist auch hier die schon frühzeitig vorgenommene Aenderung unnöthig.

Ferdinand: „Mörder und Mördervater! — Mit muß er, daß der Richter der Welt nur gegen den Schuldigen rase." Körner, der an dem Ausdruck „rasen" Anstoß nahm, änderte diese Stelle nun in: „damit der Richter der Welt nur den Schuldigen strafe." Ein solches Verfahren kann man freilich nicht mehr Kritik, sondern das willkürlichste Antasten des Textes nennen.

Letzter Auftritt. Wurm: „Ueber mich? Lustig! Lustig! So weiß ich doch nun auch, auf was für Art sich die Teufel bedanken" u. s. w. So lautete längere Zeit der Text dieser

Stelle; ursprünglich aber: „auf was Art sich die Teufel danken," was ganz richtig ist; denn erstens läßt sich „auf was Art" nicht anfechten. Ganz dieselbe Wortverbindung findet sich im „dreißigjährigen Krieg:" „den Herzog von Friedland, auf was Art es auch sein möchte, zu verhaften. Man vergleiche ferner: Fiesko, IV. Aufzug, 6. Auftritt: „Zu was Ende glauben sie diese zwanzig Galeeren ... zu was Ende die Allianzen ... zu was Ende die fremden Waffen" u. s. w., an welchen Stellen nie der Versuch einer Aenderung gemacht wurde. (Vergl. Grimm, Grammatik IV, S. 883 ff.) Wollte man je eine dem jetzigen Sprachgebrauch entsprechende Aenderung vornehmen, so müßte man setzen: „auf was für eine Art." Zweitens ist „sich die Teufel danken" ebenfalls richtig; denn „sich" steht hier in der reciproken Bedeutung von „einander."

Miller: „Giftmischer! behalt dein verfluchtes Geld!" Für „Geld," das schon sehr frühzeitig in den Text kam, ist wieder mit 1. Ausgabe „Gold" herzustellen. Vergl. auch den vorausgegangenen 5. Auftritt, wo Miller dreimal hintereinander seiner lebhaftesten Freude über das ihm von Ferdinand geschenkte „Gold" Ausdruck gibt.

Don Carlos.

Ich will hier nur die Originalausgaben und zwar in Kürze aufzählen, da das Nähere in den Büchern von Hartung, Wenzel und v. Wurzbach mitgetheilt ist.[1]

Don Karlos. Leipzig. 1787. Göschen, 505 Seiten und ein Blatt „Druckfehler und Verbesserungen." Diese Ausgabe ist in

---

[1] Ein Briefwechsel mit Herrn Dr. med. Blohm in Kiel, einem sehr unterrichteten Litteraturfreunde, war mir in der Bestimmung mehrerer Einzelheiten der Ausgaben von 1801 und 1804, sowie die Genauigkeit und Sorgfalt des Herrn Dr. W. Vollmer dabei bei Vergleichung und Würdigung der Manuskripte von großem Werth.

Abtheilungen erschienen; ich besitze ein Exemplar mit einem Interimstitel, auf dem es heißt: „Die Herren Buchhändler erhalten in vierzehn Tagen Kupfer, Titel und zweite Abtheilung nach. Dieser Titel wird alsdann zerschnitten und darf also nicht vorgebunden werden." Diese Ausgabe ist ohne Zweifel als die erste anzusehen, und die mit 438 Seiten, in welcher die Druckfehler gehoben und die Verbesserungen angebracht sind, ist offenbar nach derselben erschienen.

Darauf folgt die Ausgabe von 1799, Leipzig bei Göschen, ein Wiederabdruck der vorhergehenden.

Das Jahr 1801 bringt uns drei verschiedene Ausgaben: a) 402 Seiten 8.; b) 404 Seiten 8. und c) 480 Seiten 8. Der Text ist in allen drei Ausgaben ganz derselbe und gegen die früheren Ausgaben bedeutend abgekürzt.[1] Dagegen ist der Druck sämmtlicher drei Ausgaben verschieden. Bei der von 402 Seiten ist zwischen Seite 288 und 289, mit welch letzterer Seite der neunzehnte Bogen beginnt, ein Blatt Text im Druck ausgefallen. Auf die kleinen Unterschiede in der äußern Ausstattung dieser drei Ausgaben hier näher einzugehen, halte ich für überflüssig, da ich mich nur über den Werth derselben für die Textkritik aussprechen will. Die Ausgabe von 1801 könnte man die zweite nennen, weil Schiller in derselben zum erstenmal seit 1787 wesentliche Aenderungen beziehungsweise Abkürzungen vorgenommen hat.

Don Carlos. Leipzig, Göschen 1802; mit lateinischen Lettern; auf verschiedenem (Velin-, Schreib-, Druck-) Papier, mit mehr oder weniger Kupfern, während der Satz ein und derselbe ist. Mehrere Literarhistoriker haben dieser Ausgabe einen zu großen Werth beigelegt, indem sie dieselbe eine „umgearbeitete" nennen. Ich will hier die wenigen Stellen aufführen, an welchen sie von den Ausgaben von 1801 abweicht:

---

[1] Wenn Don Carlos dadurch der Möglichkeit, auf der Bühne aufgeführt zu werden, bedeutend näher gerückt wurde, so hat das Stück an und für sich bei den Kürzungen, denen es unterworfen wurde, sowohl in Bezug auf den Versbau, der an sehr vielen Stellen zerrissen worden ist, als auch in Bezug auf den innern Zusammenhang, da und dort gelitten.

Aufzug I. Auftritt 1.
Domingo.
Die schönen Tage in Aranjuez ꝛc.
— — — Prinz, und dieses Auge
gestand: Ich bin gesättigt.

Dieser stille
und feierliche Kummer, Prinz, den wir
acht Monde schon in Ihren Blicken lesen ꝛc.

Zwischen den Worten „gesättigt" und „dieser stille" findet sich die Anweisung für den Schauspieler

„Er betrachtet ihn stillschweigend, dann tritt er
näher." —

In demselben Auftritt:
Domingo.
Sie thun sehr wohl, mein Prinz, sich vorzusehn
mit Menschen — nur mit Unterscheidung. Stoßen
Sie mit dem Heuchler nicht den Freund zurück.

Ausgabe von 1802:

— — — — — Stoßen Sie
nicht mit dem Heuchler auch den Freund zurück. —

Ebendaselbst: ### Domingo.
— — Ich will mich nicht vermessen
— — —

Sie wissen, was ich meine, Prinz, ich habe
Genug gesagt.

Karlos.
Nein! Das soll ferne von mir sein ꝛc.

Ausgabe von 1802:

Karlos.
Nein! Das sei fern von mir ꝛc.,
eine Aenderung, durch welche der überzählige Jambus entfernt wird.

Aufzug I. Auftritt 3.
Olivarez.
Ihre Majestät,
das ist er, ein sehr würd'ger Mann ꝛc.

Ausgabe von 1802: „Ihro Majestät" u. s. w. Dieselbe Aenderung kommt noch an drei weitern Stellen vor. —

Aufzug I. Auftritt 4.

Königin.

Sie sehen
sich um? Wen suchen Ihre Augen?

Marquis.

Ich
erinnere mich, wie glücklich ein Gewisser,
den ich nicht nennen darf, an meinem Platze
sein müßte.

Ausgabe von 1802:

Königin.

Sie sehn sich um? Wen suchen Ihre Augen?

Marquis.

Ich denke nach, wie glücklich ꝛc. —

Aufzug I. Auftritt 5.

Karlos.

Und weiß er auch, wie reich er ist? Hat er
ein fühlend Herz, das Ihrige zu schätzen?
Ich will nicht klagen, nein, ich will vergessen,
Wie unaussprechlich glücklich ich mit ihr
Geworden wäre ꝛc.

In der fünften Zeile dieser Rede hat Ausgabe von 1802 folgende Lesart:

„Wie unaussprechlich glücklich ich an Ihrer Hand ꝛc."

In demselben Auftritt:

Königin.

Eitler Mann!
Wenn mein Herz nun das Gegentheil mir sagte?
Wenn Philipps ehrerbiet'ge Zärtlichkeit
und seiner Liebe stumme Mienensprache
weit inniger als seines stolzen Sohns
verwegene Beredsamkeit mich rührten?
Wenn eines Greises überlegte Achtung.

Der durch den Druck hervorgehobene Vers fehlt in der Ausgabe von 1802, was gewiß der Situation angemessener ist. —
Ebendaselbst gleich an der folgenden Stelle:

Karlos.

Das ist was anders — Dann — ja dann Vergebung. Ich wußt' es nicht. — Das wußt' ich nicht, daß Sie den König lieben.

Königin.

Ihn ehren ist mein Wunsch und mein Vergnügen.

gibt Ausgabe von 1802 die Rede des Karlos in folgender Fassung:

„Das ist was andres — Dann — ja dann Vergebung.

Das wußt ich nicht, daß Sie den König lieben:" eine glückliche Verbesserung, welche den von den Worten „den König lieben" gebildeten unvollständigen Vers der Ausgabe 1801 beseitigt. —

Im nämlichen Auftritt:

Königin.

Gestehen Sie es, Karlos — Trotz ist es
und Bitterkeit und Stolz, was Ihre Wünsche
so wüthend nach der Mutter zieht, u. s. w.

Statt „wüthend" hat die Ausgabe von 1802 „heftig."

Aufzug I. Auftritt 6.

König.

So allein, Madame?

Dieser in Ausgabe 1801 — durch Streichung der in der Ausgabe von 1787 am Schluß des unmittelbar vorhergehenden Auftritts dem Karlos in den Mund gelegten Worte „Ha, ich verstehe" — verstümmelte Vers ist in der Ausgabe von 1802, wie folgt, ergänzt:

König.

„Was seh ich! Sie hier! So allein Madame," u. s. w. —

Ebendaselbst:

König.

Konnte
ein Vorwurf meiner Liebe Sie betrüben?

Für meine Völker kann mein Schwert mir haften
und — Herzog Alba: dieses Auge nur
für meines Weibes Liebe.
Königin.

Wenn ich Sie
beleidigt habe, mein Gemahl — —
König.

Ich heiße
der reichste Mann in der getauften Welt u. s. w.
Ausgabe von 1802:
König.

„— — — —
Für meine Völker haftet mir mein Schwert,
dieß Auge nur für meines Weibes Liebe.
Königin.

Verdien' ich diesen Argwohn, Sire?
König.

Ich heiße" u. s. w.

Einige weitere Abweichungen, die ich hier nicht anführen will, sind offenbare Druckversehen, und die genaue Vergleichung ergibt demnach, daß die Abänderungen in der Ausgabe von 1802 sich nur über den ersten Aufzug, Auftritt 1—6, erstrecken. Was den Dichter verhindert haben mochte, die Revision dieser Ausgabe weiter zu führen, ist wohl kaum zu ermitteln.[1]

Aus dem Jahr 1804 besitzen wir zwei Ausgaben: a) 402 Seiten 8.; b) 404 Seiten 8. Beide geben den Text der Ausgabe von 1801. Bei genauerer Prüfung ergibt sich, daß die erstere ein

---

[1] Einige Literaten führen auch noch an, daß im Jahr 1802 dieselbe Ausgabe wie die eben besprochene, in demselben Verlag, mit deutschen Lettern erschienen sei. Bis zur Stunde wollte es mir nicht glücken, ein Exemplar dieser Ausgabe zu Gesicht zu bekommen, und da sich auch in dem Göschen'schen Verlagskataleg aus jener Zeit eine solche nicht verzeichnet findet, so dürfte hier wohl eine Verwechslung mit einem in diesem Jahr mit deutschen Lettern (Leipzig c. B.) erschienenen Nachdruck vorliegen.

neuer Druck, die zweite jedoch nur eine Titelausgabe der Ausgabe von 1801 mit 404 Seiten ist.

Es entsteht nun die Frage, welche von den bisher aufgezählten Ausgaben Schiller dem Druck des „Theater" zu Grund gelegt hat. Da die Ausgaben des Jahres 1804 bloß Abdrücke derer von 1801 sind, während der Dichter an die Ausgabe von 1802, oder doch an einen Theil derselben, die bessernde Hand gelegt hatte, so wäre man wohl versucht, zu glauben, Schiller habe diese Recension, als die neueste, für das Theater benützt. Dem ist indessen nicht so. Schiller griff auf die Ausgabe von 1801 zurück, und zwar auf die mit 480 Seiten, und nahm an dieser die Abänderungen, Striche, Zusätze u. s. w. vor, die, ins Theater aufgenommen, den Carlos in seiner jetzigen Gestalt konstituirten. Ich werde diese Recension im Verlauf meiner Ausführung mit „Manuskript" bezeichnen, und es wird sich ergeben, daß Schiller manche der bereits im Jahre 1787 (erste Ausgabe) selbst angegebenen „Verbesserungen" bei dieser seiner letzten Textredaktion übersehen hat, so wie es auch zu bedauern ist, daß ihm manche der eben angeführten Aenderungen der Ausgabe von 1802 nicht mehr gegenwärtig waren. Daß sich auch in den Druck des Theaters gar manche Fehler eingeschlichen und bis auf die jüngste Zeit fortgepflanzt haben, wird das Resultat meiner zum erstenmal seit 1805 vorgenommenen Vergleichung nachweisen.

Die von mir benützten prosaischen Bearbeitungen des Don Carlos sind die von Albrecht herausgegebene (Hamburg und Altona, 1808), dann die von Boas aus der Dresdner Handschrift in seinen Nachträgen zu Schiller, Band III. Seite 228—435 bekannt gemacht, die übrigens mit der eben genannten übereinstimmt; endlich zwei weitere noch ungedruckte Bearbeitungen, in welchen, ohne Zweifel aus konfessionellen Rücksichten, der Beichtvater Domingo in den „Minister Don Perez" verwandelt ist. Die eine dieser letzten Handschriften ist stark, namentlich am Eingang, verstümmelt; die zweite, vollständig und sehr gut erhalten, beginnt mit den Worten: „Perez. Prinz, dieses Mißtrauen." Ich bezeichne diese letztere prosaische Bearbeitung mit: „Mf. d. Pr. B."

II. Aufzug. 2. Auftritt.

Philipp.

„Solche Kranke,
Wie du, mein Sohn, verlangen gute Pflege,
Und wohnen unterm Aug des Arzts . . ."

So lautet der Text von der ersten Ausgabe bis zur Stunde, ohne beanstandet worden zu sein; doch möge hier an eine Lesart erinnert werden, die vielleicht nur durch Zufall nicht in den Text eingeführt wurde. In der Thalia (Bd. I, Heft 2, S. 125) nämlich lautet die Stelle:

„Solche Kranke
Wie du mein Sohn, verlangen gute Pflege
Und Wohnen unterm Aug des Arzts."

„Wohnen," hier neben Pflege als Objekt zu „verlangen" = Wohnung, gibt einen prägnanteren Sinn, als die vulgäre Lesart; schon Hoffmeister in den Supplementen II. Bd. S. 97 hat sich für jene erklärt. An dem substantivirten Infinitiv wird wohl niemand Anstoß nehmen, so wenig als an der Stelle: Jungfrau von Orleans, I. Aufzug, 5. Auftritt:

„Und seines Herzens Wollen zu behaupten."

In den prosaischen Bearbeitungen finden wir dieselbe Verschiedenheit, indem die gedruckten Texte derselben mit den bisherigen Ausgaben unseres Drama übereinstimmen, während das Manuskript der Pr. B. mit der Thalia übereinstimmt.

3. Auftritt.

Karlos.

„Den König, meinen Vater! Das ist schrecklich –
Ja ganz recht, Freund. Ich danke dir, ich war
So eben nicht ganz bei mir. — Daß ich das
Verschweigen soll, der Seligkeit so viel
In diese Brust vermauern soll, das, das
Ist schrecklich! —

(Den Pagen bei der Hand fassend und bei Seite führend.)

Was du heut

Gesehen hast — hörst du? — und nicht gesehen,
Sei wie ein Sarg in deiner Brust versunken."

Schiller hat an dieser Stelle den Text für das Theater geändert, der dort so lautet:

„— — —
 In diese Brust vermauern soll, das ist schrecklich.
 Ist schrecklich! —
 Was du gesehn — hörst du?" ꝛc.

In 1. Ausgabe ist Folgendes der Wortlaut unsrer Stelle:

„— — —
 In diese Brust vermauern soll, das, das
 Ist schrecklich — Unterirdisch Gold, sagt man,
 Wird unter Todtenstille nur gehoben.
 Drum will ich auch nicht athmen. Was du heute
 Gesehen hast" ꝛc.

Als Schiller die Worte: „Unterirdisch — athmen" strich, war der überbleibende Vers:

„Ist schrecklich — Was du heute"

unvollständig, und der Dichter wollte sicherlich, als er die Theaterausgabe vorbereitete, diesen Mangel dadurch heben, daß er den ersten Theil des Verses: „Ist schrecklich" mit dem vorangehenden, den zweiten Theil: „Was du heute" mit dem folgenden Vers verschmelzen wollte.[1] Mit dem letztern Theil geschah dies in der

---

[1] Daß Schiller bei der Redaktion der Theaterausgabe fast durchweg nach diesem Grundsatz — die durch Herausfallen gestrichener Sätze unvollständig gewordenen Verse zu ergänzen — verfuhr, möge u. A. folgender Beleg erhärten:
Im 1. Aufzug, 5 Auftritt hat die erste Ausgabe folgende Stelle:

Karlos.
„Wie groß sind Sie, o Himmlische! — Ja alles,
Was Sie verlangen, will ich thun! — — auch sterben,
Und wenn Sie wollen, nimmer selig sein.
Hier steh ich in der Allmacht Hand und schwöre" u. s. w.

In der Ausgabe von 1801 wurde die Stelle:

„auch sterben,
Und wenn Sie wollen, nimmer selig sein"

gestrichen, und dadurch der Vers:

„Was Sie verlangen, will ich thun"

That, bei dem ersten ist unzweifelhaft anzunehmen, daß er, nachdem er die Worte „ist schrecklich" dem Vers hinzugefügt, sie an ihrer alten Stelle zu streichen vergaß. Daß sie wenigstens nicht mehr hieher gehörten, beweist der Punkt, der die Verszeile:

„In diese Brust vermauern soll, das ist schrecklich."

schließt; so daß dadurch die beiden Worte in ihrer Wiederholung „ist schrecklich" nun einen eigenen Satz bilden müßten, der sowohl logisch als rhythmisch in der Luft steht. Aber der Dichter hat auch in dem nun erweiterten Vers

„In diese Brust vermauern soll, das ist schrecklich."

das Wort „das" übersehen, dessen Streichung das Metrum verlangt. Körner fühlte die Nothwendigkeit einer Besserung dieser Stelle und tilgte das Wort „das;" andere Korrektoren nach ihm verwandelten das Punktum nach „schrecklich" in ein Komma, und so lautete die Stelle:

„In diese Brust vermauern soll, ist schrecklich,
Ist schrecklich —"

Im Jahr 1844 änderte ich, da mir diese Epizeuxis unerträglich schien, mit Hülfe der Ausgabe von 1801 u. s. w.:

„In diese Brust vermauern soll, — das, das
Ist schrecklich! —
Was du gesehn" ꝛc.

Jetzt, nachdem ich das Exemplar des Don Carlos, welches Schiller eigenhändig für die Theaterausgabe korrigirte, in Augenschein genommen, habe ich mich, wie oben dargelegt, überzeugt, daß die Stelle nach der Absicht des Dichters nur in folgendem Wortlaut:

„In diese Brust vermauern soll, ist schrecklich.
Was du gesehn — hörst du? —" ꝛc.

_{unvollständig. Bei der Redaktion der Theater-Ausgabe hat Schiller diesem Verse um den fünffüßigen Jambus wiederherzustellen, die Worte: „es sei" beigefügt, so daß jene Stelle nun lautet:}

<sub>„Wie groß sind Sie, o Himmlische! — Ja alles,
Was Sie verlangen, will ich thun! — Es sei!
Hier steh ich in der Allmacht Hand und schwöre" ꝛc.</sub>

die richtige sein kann, und habe sie demgemäß in dieser Gestalt auch in die neueste Ausgabe aufgenommen. Natürlich muß in einer größern, mit kritischen Anmerkungen ausgestatteten Ausgabe der Text des Theaters gegeben werden und unten in den Bemerkungen mit den nöthigen Erläuterungen begleitet sein. Daß die Annahme, dem Dichter sei bei der Korrektur seiner Werke ein Versehen zugestoßen, keine unberechtigte ist, möge unter Anderm die Stelle im Macbeth V. Aufzug, 2. Auftritt:

„Dort, wo das Recht, ist unser Vaterland"

beweisen, wo Schiller in dem Manuskript, von dem ich weiter unten sprechen werde, nach dem Wort „Recht" das Wort „ist" hineinkorrigirt hat, so daß der Vers in jenem Manuskript lautet:

„Dort, wo das Recht ist, ist unser Vaterland."

Schiller hat übrigens hier beim Druck den Fehler noch bemerkt und wieder verbessert. Einem ähnlichen Uebersehen werden wir weiter unten begegnen.

10. Auftritt.

Domingo.

„Noch Sie, noch ich . . .
. . . . Jene Lilie
Von Valois zerknickt ein span'sches Mädchen
Vielleicht in einer Mitternacht."

Man muß entweder „einer" gesperrt drucken oder mit 1. Ausgabe und Manuskript „Einer" schreiben.

14. Auftritt.

Karlos.

„Er will
Doch wiederkommen? Hinterließ er's nicht?"

Schon in dem der 1. Ausgabe (1787) beigefügten Verzeichniß der „Druckfehler und Verbesserungen" steht: statt „Hinterließ er's" lies: „Hinterließ er" und in dem Manuskript hat Schiller das „s," das sich trotzdem wieder vorfand, mit Bleistift durchstrichen. Dem ungeachtet ist die falsche Lesart „er's" ins Theater übergegangen und hat sich im Text bis in die neueste Zeit erhalten. Das Objekt zu „hinterließ" ist aus dem Zusammenhang zu ergänzen, wie auch aus andern Stellen unsers Drama's ersichtlich ist, z. B. IV. Aufzug, 13. Auftritt:

Karlos.
„Und mir verschwieg er!
Warum verschwieg er mir?

und V, 1: Marquis: „Der hat dir gesagt? —"

15. Auftritt.

Marquis.
„Sagtest du
Mir nicht" u. s. w. „Karl ich lese
In deinen Mienen etwas — mir ganz neu
Ganz fremd bis diesen Augenblick. — Du wendest
Die Augen von mir? So ist's wahr? — Ob ich
Denn wirklich recht gelesen? Laß doch sehn —"

So alle Ausgaben seit dem Druck des Theaters (1805). Der frühere Text lautet:

„Ganz fremd bis diesen Augenblick. — Du wendest
Die Augen von mir? Warum wendest du
Die Augen von mir? So ist's wahr?" ꝛc.

Ich habe schon früher den Ausfall eines Verses im „Wallenstein" und in „Maria Stuart" nachgewiesen und die ausgefallenen Verse bereits im Jahr 1844 wieder in den Text gesetzt. Auch in der eben mitgetheilten Stelle liegt ein solcher Ausfall vor, und zwar durch die Schuld des Setzers, dessen Auge von den Worten „die Augen von mir" der obern Zeile zu den gleichlautenden der untern abirrte. Daß unter gleichen Verhältnissen, nicht nur bei Ausgaben, denen bereits frühere Drucke zu Grund gelegt wurden, sondern auch bei solchen, die zum erstenmal im Druck erschienen, und denen die handschriftliche Bearbeitung des Dichters vorlag, Ausfälle einzelner Verse vorkamen, die auf diese Weise bis zum heutigen Tag in sämmtlichen Drucken fehlen, hat sich mir bei

Vergleichung der Handschriften aufs unzweifelhafteste ergeben, und ich will hier einige Beispiele anführen.

In Macbeth IV. Aufzug, 2. Auftritt lesen wir einen Spruch der Hekate in vierfüßigen Jamben, der in den Ausgaben 31 Verse zählt. Wegen der Struktur des Reims, der immer ein Verspaar, zwei sich unmittelbar folgende Verse, bildet (aa, bb), sollten es 32 sein, und es muß sich also unter den Versen einer finden, dem der entsprechende Gegenvers fehlt. Die treffende Stelle lautet:

"Drum schnell ans Werk mit rüst'gen Händen,
Ich will euch meine Geister senden,
Und solche Truggebilde weben
Und täuschende Orakel geben,
Daß Macbeth von dem Blendwerk voll,
Verwirrt und tollkühn werden soll!
Dem Schicksal soll er trotzen kühn,
Nichts fürchten, sinnlos alles wagen,
Nach seinem eitlen Trugbild jagen" u. s. w.

Hier konnte nur eine Handschrift helfen, und die Einsicht in eine solche wurde mir durch die gütige Vermittlung des Herrn Dr. O. v. Klumpp, Direktor der Privatbibliothek Sr. Maj. des Königs von Württemberg, zu Theil, der mir am 13. September v. J. ein in dem Hoftheaterarchiv zu Stuttgart befindliches Manuskript des Macbeth verschaffte, in welchem sich in der That ein ausgefallener Vers vorfindet. Die mangelhafte Stelle lautet demnach von nun an:

"Dem Schicksal soll er trotzen kühn,
Dem Tode blind entgegen fliehn,
Nichts fürchten" ꝛc.

Ueber die Nothwendigkeit des Verses, so wie über das in demselben enthaltene Oxymoron (vgl. Dido, Str. 111: "Aufs neu muß ich dem Tod entgegen fliehn") noch weiter zu sprechen, halte ich für überflüssig und bemerke nur noch, daß diese Rede der Hekate bei Shakespeare ebenfalls in Reimpaaren abgefaßt ist und dort die entsprechenden Verse folgenden Wortlaut haben:

He shall spurn fate, scorn death, and bear
His hopes 'bove wisdom, grace and fear.

In den beiden von Schiller benützten Uebersetzungen Macbeths (von H. L. Wagner, Frankfurt a. M. 1779 und der Eschenburgischen) lautet unsere Stelle, und zwar bei Wagner:

„Nur wann er unüberwindbar sich schätzt,
Ueber Schicksal, Tod, alles hinaus sich setzt,
Und tollkühn alle Klugheit verletzt," u. s. w.;

bei Eschenburg:

„Geschick und Tod soll er verschmähn,
Nichts fürchten, nie auf Klugheit sehn."

In Turandot III. Aufzug, 2. Auftritt sagt Zelima zu Turandot:

„O seht ihn vor euch stehn den schönen Prinzen!
Wie rührend seine Klage war! Wie zärtlich
Er aus zerrißnem Herzen zu euch flehte!
Zu eures Vaters Füßen für euch bat,
Für euch, die kein Erbarmen mit ihm trug" ɔc.

Das Ungeeignete im Zusammenhang zwischen dem dritten und vierten Vers, welch letzterer, trotzdem eine große Interpunktion vorausgeht, dennoch in derselben Konstruktion fortfährt, ohne den neuen koordinirten Satz durch Wiederaufnahme der Partikel „Wie" anzuknüpfen, fühlte der Korrektor der Ausgabe von 1838, der, bei diesem Text mit richtigem Takt, nach „flehte" statt des Ausrufungszeichens ein Komma setzte. Das treffliche Hamburger Manuskript, das mir auch an andern Stellen wichtige Dienste leistete, gibt hier den allein richtigen Text, der also lautet:

„Wie rührend seine Klage war! Wie zärtlich
Er aus zerrißnem Herzen zu euch flehte!
Wie edelmüthig er, sein selbst vergessen,
Zu eures Vaters Füßen für euch bat," ɔc.

Durch den neuen Vers genügt nun die Stelle nicht nur den Erfordernissen des Satzbaues, sie schließt sich auch genauer der Handlung an, wozu man die letzte Rede Kalafs im letzten Auftritt des vorhergehenden Aufzugs vergleichen möge, in welcher der Prinz sein Leben von neuem aufs Spiel zu setzen sich bereit erklärt.

Der Neffe als Onkel. 1. Aufzug. 9. Auftritt:

Dorsigny. Nun Sophie! Was sagst du dazu?

Sophie. Ich erwarte Ihre Befehle, mein Vater.

Frau v. Dorsigny. Es ist da weiter nichts zu thun; wir müssen sie ihm ohne Zeitverlust zur Frau geben.

Die Rede der Frau v. Dorsigny paßt nicht auf die vorausgehende Sophiens, auch ist Frau v. Dorsigny nicht die angeredete Person. Es ist ein Satz ausgefallen, den ich mit Hilfe des Hamburger Manuskripts an seine Stelle eingesetzt habe. Nach Sophie spricht Dorsigny die Worte: „Ja! was ist da zu thun?"

In der Prosabearbeitung des Don Carlos, herausgegeben von Dr. Alberti, die ich bereits oben angeführt habe, ist auf gleiche Weise, wie in dem eben erwähnten Stück eine Rede ausgefallen. Im letzten Aufzug, letzter Auftritt, heißt es:

Lerma. Sie lebt! Es ist nur eine Ohnmacht! — Der Schrecken —

Carlos (fürchterlich zum König). Buhlerin, Sire?

Zwischen der Rede Lermas und des Don Carlos ist ausgefallen:

„König. Der ergriffenen Buhlerin —"

Sowohl das von Boas benützte Dresdener Manuskript als das meinige haben die ausgefallenen Worte des Königs, durch welche die Rede des Carlos erst Sinn und Zusammenhang erhält.

Auch im „Tell," dessen erste Ausgabe bisher mit Recht als der beste Text galt, finden sich derartige Ausfälle, die sich bis in die allerneueste Zeit erhalten haben und nur an der Hand von Manuskripten zu heben waren.

1. Aufzug. 1. Auftritt:

Ruodi.

Da ist der Tell, er führt das Ruder auch,
Der soll mir's zeugen, ob die Fahrt zu wagen.
(Heftige Donnerschläge, der See rauscht auf.)

Ruodi.

Ich soll mich in den Höllenrachen stürzen?
Das thäte keiner, der bei Sinnen ist."

Es ist ganz und gar ungebräuchlich, daß der Name der sprechenden Person (Ruodi) wiederholt wird, wenn deren Rede nicht durch die Rede eines Andern, sondern nur durch Andeutung eines scenischen Arrangements unterbrochen wird; davon kann man sich fast auf jeder Seite der Dramen unseres Dichters überzeugen. Körner fühlte dies und strich den Namen Ruodi beim zweitenmale, wodurch er den Fehler zwar verdeckte, aber nicht hob; und diese Gestalt behielt der Text unsrer Stelle bis zur Stunde. Am 14. Juni laufenden Jahres erhielt ich das Aschaffenburger Manuskript des Tell, und fand in demselben den Text, wie er lauten muß:

Ruodi.
Da ist der Tell, er führt das Ruder auch,
Der soll mir's zeugen, ob die Fahrt zu wagen.
Tell.
Wo's Noth thut, Fährmann, läßt sich alles wagen.
(Heftige Donnerschläge, der See rauscht auf.)
Ruodi.
Ich soll mich in den Höllenrachen stürzen? u. s. w.

Abgesehen davon, daß nun der Name Ruodi's als sprechender Person, nachdem Tell seine Zwischenrede gethan, mit vollstem Rechte wiederholt ist, zeigt sich auch, wie nothwendig diese Worte Tells sind, da er ja von Ruodi zum Zeugniß aufgerufen wird. Es erhellt zugleich, wie der Setzer, durch das am Ende zweier aneinander folgender Verszeilen befindliche Wort „wagen" beirrt, von der ersten jener Zeilen auf die zweite kommen und so Veranlassung zum Ausfall einer Rede geben konnte. Das Hamburger Manuskript, welches ich am 9. Juli erhalten, stimmt mit dem Aschaffenburger vollkommen überein; deßgleichen das Berliner Manuskript, nach einer mir von Herrn Dr. Ludwig Wiese, Geh. Oberregierungsrath in Berlin, gewordenen freundlichen Mittheilung.

Ist hier ein Vers aufgefunden, der aus zwingenden äußeren und inneren Gründen nothwendig in den Text gehört und in ihm auch in den Handschriften vorkommt, so habe ich an einer andern Stelle des nämlichen Stückes, ebenfalls mit Hilfe der Handschriften, einen in den Drucken nicht vorhandenen Vers gefunden, dem nach

meiner Ansicht aus inneren Gründen fortan seine Stelle in den
Ausgaben anzuweisen ist. In dem 3. Auftritt des IV. Aufzugs
heißt es:

Geßler.

Ein allzumilder Herrscher bin ich noch u. s. w.
Ein neu Gesetz will ich in diesen Landen
Verkündigen — Ich will

(ein Pfeil durchbohrt ihn, er fährt mit der Hand ans Herz und will sinken. Mit
matter Stimme)

Gott sei mir gnädig!

Rudolph.

Herr Landvogt — Gott was ist das? Woher kam das?

Armgart (auffahrend).

Mord! Mord! Er taumelt, sinkt! Er ist getroffen!

Rudolph (springt vom Pferde).

Welch gräßliches Ereigniß — u. s. w.

Auch hier hat das Aschaffenburger Manuskript einen Vers weiter:
Armgart spricht:

Mord! Mord! Er taumelt, sinkt! Er ist getroffen.
Mitten ins Herz hat ihn der Pfeil getroffen.

Davon nicht zu reden, wie auch hier in Folge der gleichlautenden
Endungen beider Verse durch einen lässigen Setzer und einen un-
achtsamen Korrektor der Ausfall eines Verses entstehen konnte, möge
es mir erlaubt sein, auf die innere Begründung und Berechtigung
dieses Verses hinzuweisen. Die Rede der Armgart drückt in schöner
Steigerung des Wortgefüges zuerst in den einsilbigen Worten
„Mord, Mord" das Entsetzen über die That, dann in den beiden
kleinen einfachen Sätzen den freudigen Schreck über den Sturz des
Tyrannen aus, bis in dem erweiterten Satz am Schluß sich aus
dem gepreßten Herzen des von Geßler schwer bedrängten Weibes
dessen Schadenfreude Luft macht, wie es auch dieses Weib ist, das
später mit sichtlichem Behagen dem herbeistürzenden Volk verkündet:
„Der Landvogt ist von einem Pfeil durchschossen," und schließlich
ihren Kindern zeigt, „wie ein Wütherich verscheidet." Wenn man

dann noch bedeutet, wie Schiller den Geßler in der Scene mit dem Apfelschuß sagen läßt:

„Bei Gott! der Apfel mitten durch geschossen!"
so liegt nahe, er habe durch den Parallelismus dieses Satzes mit jenem:

„Mitten in's Herz hat ihn der Pfeil getroffen"
das Walten der Nemesis bezeichnen wollen, und das Zeugniß hiefür konnte niemanden besser in den Mund gelegt werden, als der Frau, gegen deren verzweifeltes Hilfegeschrei der Landvogt ebenso fühlles sich verhielt, wie gegen Tell, als dieser ohnmächtig flehend vor ihm rang. Das Hamburger Manuskript, das, wie aus demselben ersichtlich, einer spätern Redaktion als das Aschaffenburger Manuskript angehört, hat ebenfalls den ausgefallenen Vers, aber mit einer Variante:

„Mitten in's Herz hat ihn ein Pfeil getroffen,"
während das Berliner Manuskript mit dem Aschaffenburger liest: „der Pfeil."

In derselben Weise, zwar nicht mit unumstößlicher Gewißheit als Ausfall nachweisbar, aber als solcher nach meiner innigsten Ueberzeugung durch den logischen Zusammenhang begründet, erscheint ein anderer Vers, den mir eine Vergleichung des Leipzig-Dresdner und Hamburger Manuskripts der Maria Stuart mit den Drucken an die Hand gab. Der vorletzte Auftritt des letzten Aufzugs beginnt in folgender Weise:

Elisabeth.

Das Urtheil, Sir, das ich in eure Hand
Gelegt — wo ist's?

Davison (im höchsten Erstaunen).

Das Urtheil?

Elisabeth.

Das ich gestern
Euch in Verwahrung gab —

Davison.

Mir in Verwahrung?

Elisabeth.

Das Volk bestürmte mich, zu unterzeichnen u. s. w.
— — — — in eure Hände
Legt' ich die Schrift, ich wollte Zeit gewinnen.
Ihr wißt, was ich euch sagte — Nun! gebt her!

Shrewsbury.

Gebt, werther Sir, die Sachen liegen anders,
Die Untersuchung muß erneuert werden.

Elisabeth.

Bedenkt euch nicht so lang. Wo ist die Schrift?

Davison (in Verzweiflung).

Ich bin gestürzt, ich bin ein Mann des Todes!

Zwischen der Rede Shrewsbury's und den darauf folgenden an Davison gerichteten Worten der Elisabeth haben das Leipzig-Dresdner und Hamburger Manuskript folgende Rede:

Davison.

„Erneuert? — Ewige Barmherzigkeit!"

Ein Blick auf die ganze Scene läßt alsogleich erkennen, welch schönen stufenweisen Fortschritt diese Worte in der Gewissensangst des Staatssekretärs der Elisabeth bekunden, während ohne dieselben der Uebergang vom „Erstaunen" zur „Verzweiflung" gar zu plötzlich und unvermittelt erfolgt. Auch ist es gewiß psychologisch begründet, daß Davison, wie er von der Nothwendigkeit einer Erneuerung der Untersuchung hört, dem Eindruck dieser ihn vollends niederschmetternden Thatsache auf ihn Worte der Angst und der Bitte um Erbarmung verleiht. Es darf gewiß sowohl bei dem vorliegenden als bei den sämmtlichen vorausgehenden Fällen als ausgemacht angenommen werden, daß alle diese Verse, die sich in den Handschriften, nicht aber in den Drucken finden, durchaus nichts an sich tragen, was den Dichter bewegen haben könnte, sie, als er das Manuskript zum Druck bestimmte, zu tilgen; ich glaube im Gegentheil nachgewiesen zu haben, daß in allen unseren Stellen die jeweilige Situation durch Einschaltung des Ausgefallenen an Anschaulichkeit, innerer Wahrheit und psychologischer Tiefe gewinnt. Auch

darf man mir nicht einwenden, daß der Dichter, falls diese Verse
ja in der ersten Ausgabe ohne sein Zuthun ausgefallen sein sollten,
sie in der zweiten und dritten wieder hätte einfügen können —
indem ich, auf die genauesten Vergleichungen gestützt, nachweisen
kann, daß sich z. B. die zweite und dritte Ausgabe der „Maria
Stuart" und die zweite des „Tell" von der ersten nur durch eine
größere Zahl von Druckfehlern und Entstellungen unterscheiden.
Wird es mir noch vergönnt, über die Abweichungen der ersten
Drucke wie der Manuskripte von einander Rechenschaft zu geben,
so bin ich überzeugt, daß man mich nicht der Uebereilung zeihen
wird. Bei einem alten Klassiker würde man Verse, wie die hier
als ausgefallen nachgewiesenen, namentlich den so nothwendig in
den Bau des Reims gehörenden Vers im Macbeth, längst vermißt
und zu ergänzen gesucht haben; bei Schiller ist man deßhalb nicht
aufmerksam darauf geworden, weil man derartige Ausfälle für ganz
unmöglich hielt.

III. Aufzug. 2. Auftritt.
Lerma.
Ich entdecke
Ein brennend Auge, das um Schlummer bittet.
. . . . Nur
Zwei kurze Morgenstunden Schlafs —
König.
Schlaf?

So lautete der Text bis zum „Theater;" von dort an bis auf
die neueste Zeit „Schlaf." Bei näherer Besichtigung des Manuskripts ergibt sich, daß Schiller in „Schlafs" das „s" gestrichen
und „es" zur Seite gesetzt hat; der Setzer hat die Korrektur nicht
verstanden und so ist statt „Schlafes," wie Schiller aus Rücksicht
auf das Metrum korrigirt hatte, „Schlaf" in den Text gekommen.

5. Auftritt. Der König allein
„Jetzt gib mir einen Menschen, gute Vorsicht —
. . . Du — du bist's allein,
Denn deine Augen prüfen das Verborgne,

Ich bitte dich um einen Freund, denn ich
Bin nicht wie du allwissend." u. s. w.

"Bist's" ist durch Körner, der ohne Zweifel "bist's" auf "allwissend" bezogen hat, in den Text gekommen, während die früheren Ausgaben und die Manuskripte "du bist allein" lesen. Der Sinn dieser Stelle ist: Gott ist allein, sich selbst genug; er bedarf keines Freundes, der ihm die Wahrheit sagt und den Irrthum von ihm fern hält, da er selbst alles durchschaut; ich, umgeben von Schmeichlern und Heuchlern, habe einen Freund nöthig, der mir die Wahrheit finden hilft. In ähnlicher Weise hat auch Regis diese Stelle aufgefaßt.

7. Auftritt.   Feria.
"Und dieser Marquis Posa war es auch,
Der nachher die berüchtigte Verschwörung
In Catalonien entdeckt, und bloß
Durch seine Fertigkeit allein der Krone
Die wichtigste Provinz erhielt."

Statt "Fertigkeit" war durch eine Konjektur "Festigkeit" in den Text gekommen und hatte sich bis 1844 erhalten. Allein zur Entdeckung einer Verschwörung bedarf es weniger der "Festigkeit," als der "Fertigkeit," d. i. Gewandtheit; von der Festigkeit, d. i. Tapferkeit des Marquis war schon in der vorausgegangenen Erzählung Alba's von der Waffenthat Posa's in St. Elmo die Rede, und es galt, nicht bloß die Tapferkeit des Maltesers, sondern auch dessen Klugheit bei Don Philipp ins Licht zu setzen. In dem Manuskript der P. B. lautet die Stelle: "Eben dieser Marquis Posa ist es auch gewesen, der die schreckliche Verschwörung in Catalonien entdeckt und durch seine Klugheit allein diese wichtige Provinz gerettet hat.

10. Auftritt.   Marquis.
Die Ruhe eines Kirchhofs! . . .
. . . Mit offnen Mutterarmen
Empfängt die Fliehenden Elisabeth,

"Und fruchtbar blüht durch Künste unsres Landes
Britannien . . ."

Das Wort „fruchtbar" kam durch Körner in den Text und wurde bis 1844 nicht beanstandet. Ich habe mit Hilfe der früheren Ausgaben das ursprüngliche „furchtbar" wieder aufgenommen; denn der Sinn ist: „die edelsten Bürger des spanischen Reiches fliehen vor dem Glaubensdruck nach England, verpflanzen dorthin unsere Künste und Industrie und machen dadurch dieses Land zu einem furchtbaren Gegner Spaniens, seines konfessionellen und politischen Antipoden." Zur Sache vergl. u. A. Schlossers Weltgeschichte, Bd. 13, S. 9 und 10.

IV. Aufzug. 4. Auftritt.
Lerma.
„Ganz ohne Beispiel, Prinz,
So lang mir dünkt, daß ich dem König diene."

Die Ausgaben schwanken zwischen „dünkt" und „denkt;" allein nur das letztere ist richtig, wie auch das Manuskript liest. Ebenso das Manuskript der P. V.: „Ganz ohne Beispiel, Prinz, so lange mir eingedenk ist, daß ich dem König diene."

5. Auftritt. Marquis.
„Und was
Du etwa sonst an Kleinigkeiten, die
In keines Dritten Hände fallen dürfen,
An Briefen oder abgerissenen
Koncepten bei dir führst — kurz deine g a n z e
Brieftasche —"

Das gesperrt gedruckte Wort ist im „Theater" ausgefallen und jetzt mit Hilfe des Manuskripts in den Text wieder eingesetzt.

9. Auftritt. Infantin.
„Ach! Sieh da, meine Mutter!
Das schöne Bild —"
sowie 11. Auftritt. König.
Ach! das ist er!" u. s. w.

Schiller hat an beiden Stellen schon 1787 ausdrücklich „Ach"

in „Ah" corrigirt, was als Ausruf der Ueberraschung wieder auf=
zunehmen ist. Im 8. Auftritt des II. Aufzugs

Prinzessin.

„Ah Prinz Karlos? Ja wahrhaftig!"
deßgleichen IV. Aufzug, 5. Auftritt:

Karlos.
Wer ruft? Ah! du bist's!

stand in der 1. Ausgabe beidemal „Ach," das im Verzeichniß der
Verbesserungen in „Ah" berichtigt ist. Wir sehen hier, wie bei
den in meinem „Sendschreiben" S. 20—24 erwähnten Stellen aus
dem Abfall der Niederlande, daß Schiller bei späteren Ausgaben
sich der früher am Schlusse des Buches angezeigten Verbesserungen
nicht mehr erinnerte.

12. Auftritt. König.

„Durch keinen. Ich versprech' es euch. Ihr ward
Mein guter Engel. Wie viel Dank bin ich
Für diesen Wink euch schuldig."

So seit 1805, da Schiller die frühere Lesart „Neuigkeit" in
„Wink" verändert hat. Im nächsten Auftritt aber hat er diese Aen=
derung vergessen, und dadurch ist die dort vorkommende Stelle:

Lerma.

„Auch
Erinnr' ich mich des Königs eigner Worte:
Wie vielen Dank sagt er, als ich herein trat,
Bin ich für diese Neuigkeit euch schuldig."

nicht im Einklang mit der im 12. Auftritt angebrachten Verbesse=
rung — eine weitere Bestätigung meiner zu der vorausgegangenen
Stelle gemachten Bemerkung.

13. Auftritt. Karlos.

„Er hat
Mich lieb gehabt, sehr lieb . . .
Sein Busen war für Einen Freund zu groß,
Und Karlos Glück zu klein für seine Liebe" u. s. w.

Auch hier hatte Schiller bereits 1787 in den „Verbesserungen" angezeigt: „für Einen Freund lies: für einen Freund;" und dennoch hat sich schon 1801 die unrichtige Lesart wieder in den Text eingeschlichen. Der Sinn dieser Stelle, bei welcher der Nachdruck auf das Wort „Freund," nicht auf „einen" zu legen, ist der: die Freundschaft, ein Verhältniß zu einem Einzelnen, ist für das Herz Posa's, der das Vaterland, ja die Welt mit seiner Liebe umfaßt, der ein Kosmopolit in der edelsten Bedeutung des Wortes ist, zu ungenügend; denn das Vaterland, das Millionen in sich begreift, steht ihm höher als der Einzelne. Der Sinn der Lesart mit „Einer" wäre: Posa hat das Bedürfniß der Freundschaft, aber ein einziger Freund genügt ihm nicht; es sind ihm mehrere nöthig — eine ungeeignete Annahme.

22. Auftritt.   Alba.

Noch nicht.

So lesen die Ausgaben seit Körner, während alle noch von Schiller besorgten Drucke statt der Person Alba „Feria" lesen, was bei einem Blick auf diesen Auftritt als unrichtig sich ergibt. Wir sehen hier, daß Schillern, wie bei fast allen seinen dramatischen Stücken, ein lapsus calami in der Bezeichnung der Person begegnet ist. In einer für die größeren Leserkreise berechneten Ausgabe ist man befugt, hier ohne Weiteres zu ändern; eine kritische Ausgabe dagegen müßte die Stelle in ihrer früheren, wenn auch nur auf einem Schreibfehler beruhenden Gestalt, wieder geben und das Richtige in einer Bemerkung unter den Text setzen.

V. Aufzug.   1. Auftritt.

Marquis.

„Der hat dir gesagt?...

...Lerma also? — Nein,

Der Mann hat Lügen nie gelernt..."

So das Manuskript, mithin das „Theater" und Körner, obwohl Schiller laut der 1787 zur 1. Ausgabe angezeigten Berichtigungen „lügen" gelesen wissen wollte; denn es kann nur der Infinitiv stehen, wie auch spätere Korrektoren als Körner besserten.

4. Auftritt. Karlos.

> „Sie waren
> Ihm nicht gleichgültig. . . .
> . . . Sich selber haben Sie
> Bestohlen — Was werden
> Sie bieten, eine Seele zu erstatten,
> Wie diese war?"

Der Vers „Bestohlen — Was werden" hat weder die nöthige Länge, noch ist das jambische Metrum beibehalten. Körner änderte, durch eine höchst willkürliche Einschaltung:

> „Bestohlen, **sich und mich** — Was werden"

welchen Zusatz ich 1844 wieder entfernte. Schiller hat, als er das Stück im Jahr 1801 bühnengerecht machte, in der Bearbeitung der 1. Ausgabe, wie schon S. 87. 91. 92. angedeutet, oft ohne Rücksicht auf das Metrum gestrichen, und wenn er auch in der Ueberarbeitung für das „Theater" diese entstandenen Mängel vielfach geheilt hat, so sind doch einzelne beschädigte Stellen seiner bessernden Hand entgangen. So die vorliegende. Die 1. Ausgabe liest:

> . . Sich selber
> Haben Sie bestohlen — **O der königlichen Dummheit,**
> **Die so viel göttliches zerstört!** Was werden
> Sie bieten u. s. w.

In Folge des Streichens der durch den Druck hervorgehobenen Worte ist der Vers verdorben worden, was Körnern aber keineswegs das Recht gab, ihn zu ändern. Auf ähnliche Weise bilden die Worte

> „Wie diese war"

an unserer Stelle in sämmtlichen Ausgaben seit 1801 einen Vers für sich, was ebenfalls nur durch den von Schiller vorgenommenen Strich der dieselben zu einem fünffüßigen jambischen Vers ergänzenden Worte und elf weiterer Zeilen geschehen konnte.

Mit diesen Bemerkungen zur Textkritik will ich hier schließen und behalte mir die Besprechung der übrigen Dramen für eine andere Zeit vor. Nur über einen Vorwurf, der in jüngster Zeit öffentlich gegen die J. G. Cotta'sche Buchhandlung erhoben wurde und in Betreff dessen auch an mich verschiedene Anfragen ergangen sind, mögen mir hier noch einige Bemerkungen gestattet sein. Er betrifft das bekannte Reiterlied: "Wohlauf, Kameraden, aufs Pferd, aufs Pferd" und geht dahin, die genannte Verlagsbuchhandlung habe aus gewissen Rücksichten den letzten Vers dieses Liedes, der also lautet:

"Auf des Degens Spitze die Welt jetzt liegt,
Drum froh, wer den Degen jetzt führet,
Und bleibet nur wacker zusammengesetzt,
Ihr zwinget das Glück und regieret.
Es sitzt keine Krone so fest, so hoch,
Der muthige Springer erreicht sie doch."

in späteren Ausgaben des "Wallenstein" getilgt. Hierauf ist zu bemerken: Die erste Ausgabe des Wallenstein, welche in Weimar bei Gädicke unter den Augen des Dichters (1800) gedruckt wurde, kennt diesen Vers nicht, ebensowenig das dem Druck zu Grund gelegene Manuskript. Wo und wann aber derselbe zuerst bekannt gemacht wurde, ist meines Wissens noch nirgends angegeben. Er findet sich zuerst in folgendem lithographischen Druck: "Reiterlied von Schiller. Steindruck. Stuttgardt in der Steindruckerei und Tübingen in der J. G. Cotta'schen Buchhandlung. Geschrieben und in Stein gegraben von J. Carl Ansfeld. 1807.- Groß Folio. 1. Blatt: Lagerscene (Lithographie; der Zeichner derselben ist, wie mir ein zuverlässiger Kunstkenner, Herr Börner in Nürnberg, mittheilte, der königl. württembergische Hofmaler Joh. Bapt. Seele, geboren 1775, gestorben 1814); 2. Blatt: Titel; 3. und 4. Blatt: Text; 5. Blatt: die Komposition von Zahn. Diese Ausgabe des Reiterlieds gehört zu den Inkunabeln der Lithographie und ist von dem verstorbenen Freiherrn Friedrich v. Cotta und von dessen Freund Rapp veranstaltet worden. Der mehrerwähnte Vers wurde in demselben Jahr (1807) auch noch im „Taschenbuch für Damen auf das Jahr 1808" (Tübingen, J. G. Cotta, S. XII) veröffentlicht, und es findet sich an dieser Stelle zugleich ein schätzbarer Aufschluß über die Entstehung desselben. Es heißt dort nämlich: „Wir glauben den Verehrern und Freunden der Schiller'schen Muse eine nicht geringe Freude machen zu können, wenn wir ihnen hier noch eine Strophe mittheilen, die Schiller zu einer der spätesten Vorstellungen von Wallensteins Lager auf dem Weimarischen Hoftheater, der er selbst noch beiwohnte, zum Reiterlied hinzudichtete, da sie auch in der neuesten Ausgabe von Schillers Theater (Tübingen, Cotta) im dritten Bande, wo Wallenstein abgedruckt steht, aus Gründen, deren Vollgültigkeit niemand in Zweifel ziehen wird, ausgelassen wurde." Endlich findet sich der Vers noch in Hoffmeisters Supplementen (Tübingen, Cotta. III, 220). Hoffmeister fand diese Strophe in dem ihm zur Benützung überlassenen Weimarer Theaterexemplar, dem sie „beigeschrieben" ist. Wenn er aber meint, Schiller habe dieselbe in dem Musenalmanach für 1799 (wo das Reiterlied zuerst erschien) weggelassen und sie vor dem größeren Publikum „wegen ihrer überaus schlagenden temporellen Wahrheit und nahen Bezüglichkeiten" zurückgehalten, so irrt er. Nach der aus dem „Taschenbuch für Damen" mitgetheilten Stelle, die offenbar authentisch ist, existirte um das Jahr 1799 die Strophe noch gar nicht, und Schiller hat sie erst später, wohl im Hinblick auf die damaligen Weltereignisse, hinzugedichtet. In der 2., 3. und 4. Ausgabe des „Wallenstein, die noch zu Lebzeiten des Dichters erschienen, findet sich die Strophe nicht, und ebenso wenig in dem Manuskript für die Prachtausgabe der Gedichte (vergl. meine „Beiträge" u. s. w., 1858, S. 4 und S. 33). So viel ist also gewiß, daß die Nichtaufnahme des fraglichen Verses von Umständen herrührt, die jedenfalls nicht der J. G. Cotta'schen Buchhandlung zur Last fallen, und der letztern vielmehr das Verdienst gebührt, denselben zuerst bekannt gemacht und dann in verschiedenen bei ihr erschienenen Verlagswerken vervielfältigt zu haben.

Aus den hier mitgetheilten Untersuchungen wird man sich einen deutlichen Begriff von meinem Verfahren gebildet haben, den Schiller'schen Text für zwei verschiedene Leserkreise zu constituiren, für deren Bedürfnisse jedenfalls am besten gesorgt ist, wenn man ihren Ansprüchen Rechnung trägt; und da diese wesentlich verschieden sind, so ist auch damit die Trennung der Ausgaben ausgesprochen. Mit der großen, kritischen, mit Anmerkungen versehenen Ausgabe wird allerdings dem Sprachforscher zum erstenmal das geboten werden, was ihm bisher mangelte, vor allem aber eine heilige Pflicht gegen den Dichter selbst erfüllt, dessen Schriften, wie ich sattsam gezeigt zu haben glaube, jederzeit argen Entstellungen ausgesetzt waren und vor weiteren in Zukunft gesichert sein sollen. Ich habe in der gegenwärtigen Abhandlung darauf verzichtet, diejenige Schrift, welche am meisten gelitten hat, näher zu besprechen; die Geschichte ihres Textes, für welchen meine wiederholte Recension besonders förderlich war, wird in der großen Ausgabe am schlagendsten darthun, was nicht nur bei Lebzeiten Schillers, sondern vollends nach seinem Tode geschehen konnte. Eine solche kritische Ausgabe wird noch von besonderer Wichtigkeit für die Geschichte der Geistesentwicklung unseres Dichters werden, indem sie nicht nur die in irgend einer Weise an die Oeffentlichkeit getretenen Schriften desselben aus allen Perioden seines Lebens nebst den von ihm vorgenommenen Aenderungen, sondern auch nicht wenige bisher noch ungedruckte Arbeiten umfassen wird.

Es wird jedoch dies Unternehmen nur dann zu einem glücklichen Ende geführt werden, wenn nicht nur Privatpersonen, die sich im Besitze Schiller'scher Handschriften befinden, sondern auch öffentliche Behörden, wie dies bereits in Bayern, Sachsen, Württemberg, Weimar auf die liberalste Weise geschehen ist, ihre Bibliotheken zu diesem Zwecke öffnen und so zur Errichtung desjenigen Denkmals das Ihrige beitragen, welches den Dichter und die Nation in gleicher Weise ehrt. Wie sehr es die höchste Zeit ist, alles zu diesem Zweck Gehörige zu sammeln, sagt uns die betrübende Erfahrung, daß theils durch Gleichgültigkeit, theils durch unglückliche Ereignisse, wie den Theaterbrand zu München (1824) und zu Weimar (1825) wichtige Materialien zu Grunde gegangen sind. Doch ich will über das Unabänderliche nicht klagen, sondern mich der durch Mittheilung von Handschriften bereits zu Theil gewordenen Hilfe freuen und mit dankbarem Herzen der Unterstützung gedenken, welche mir hochachtbare Gelehrte unseres Vaterlandes bereits geleistet und ferner zu leisten versprochen haben. Je mehr aber schon in diesem Jahre und für die gegenwärtig erscheinende Ausgabe in Folge der erlangten reichen Hilfsmittel geschehen konnte, um so mehr legt sich der Wunsch nahe, daß auch jede fernere Auflage, um endlich dem Dichter vollständig gerecht zu werden, durch erneute Forschung gewonnen haben und mit Fug das Motto an der Stirne tragen möchte

„Mit vereinten Kräften."